本书为教育部人文社会科学研究一般项目《互联网环境下的司法公开制度研究》（18YJA820022）的最终研究成果

HULIANWANG

HUANJINGXIA DE

SIFA GONGKAI ZHIDU YANJIU

相庆梅 等◎著

互联网
环境下的司法公开制度研究

中国政法大学出版社

2022·北京

图书在版编目（ＣＩＰ）数据

互联网环境下的司法公开制度研究/相庆梅等著. —北京:中国政法大学出版社,2022.7

ISBN 978-7-5764-0578-1

Ⅰ.①互… Ⅱ.①相… Ⅲ.①司法制度－研究－中国 Ⅳ.①D926.04

中国版本图书馆 CIP 数据核字(2022)第 120084 号

出 版 者　　中国政法大学出版社

地　　址　　北京市海淀区西土城路 25 号

邮寄地址　　北京 100088 信箱 8034 分箱　邮编 100088

网　　址　　http://www.cuplpress.com (网络实名: 中国政法大学出版社)

电　　话　　010-58908586(编辑部) 58908334(邮购部)

编辑邮箱　　zhengfadch@126.com

承　　印　　固安华明印业有限公司

开　　本　　880mm×1230mm　1/32

印　　张　　8.375

字　　数　　220 千字

版　　次　　2022 年 7 月第 1 版

印　　次　　2022 年 7 月第 1 次印刷

定　　价　　49.00 元

序 / PREFACE

　　自 2009 年 12 月 8 日最高人民法院发布《关于司法公开的六项规定》，到 2018 年发布《关于进一步深化司法公开的意见》，我国网络司法公开规范化、制度化、信息化水平显著提升。审判流程公开、庭审活动公开、裁判文书公开、执行信息公开四大平台全面建成运行，开放、动态、透明、便民的阳光司法机制已经基本形成，在保障人民群众知情权、参与权、表达权和监督权，促进提升司法为民、公正司法能力以及弘扬法治精神、讲好中国法治故事等方面发挥了重要作用。

　　随着我国网络司法公开的发展不断深化，加强司法监督，保障公民知情权，让人民在每一个案件中感受到公平正义的目标也在进一步实现。但不能否认，网络司法公开是一项庞大的系统工程，其给法院的工作方式、工作范围等都带来了很大影响。从学术研究的角度看，网络司法公开与传统司法公开的关系、网络司法公开的价值功能都是值得探讨的理论问题。而网络司法公开具体实施过程中，由于所涉问题复杂繁琐，如何完善网络司法公开的细节，对于实现网络司法公开的制度目的影响亦很重大。此外，在这一过程中，如何处理司法与媒体的关系、网络司法公开与个人信息保护的关系都是需要探讨的。而随着《个人信息保护法》的出台，应如何协调其与网络司法公开的关系也是我们不得不加以研究的话题。

世界已然进入了大数据时代，互联网对于司法领域的干预与渗透程度越来越深。对于技术采取全面拥抱的态度还是应当保持一定的警惕是整个世界共同面临的话题，其实也是当今时代司法公开必须面对的问题。

本书研究分工：相庆梅（法学博士，北方工业大学文法学院法律系教授）负责第一章、第六章、第七章、第十章；梁喆旎（法学博士，北京开放大学教师）负责第三章、第四章、第八章；李文超（法学硕士，北京互联网法院研究室副主任）负责第二章、第九章；黄良友（法学博士，重庆邮电大学法学教授）负责第五章。

目　录
CONTENTS

第一章
互联网环境下司法公开制度概述

第一节 司法公开概述

一、司法公开的内涵

对于司法公开一词的界定，学界众说纷纭，大致可分为狭义解释与广义解释两类。狭义的司法公开是指案件开庭审理过程的公开，包括举证公开、质证公开、判决理由公开、适用法律公开、判决结果公开以及案件的审判对社会公开。[1]广义的司法公开则是指除涉及国家秘密、个人隐私和商业秘密方面的信息外，与审判有关的所有信息公开。回顾从《人民法院五年改革纲要》起推行的司法公开改革实践不难发现，在过去很长一段时间里，我国虽推行了诸多改革举措，但在立法和实践中仍困于狭义的司法公开，即"审判公开"的范畴。[2]然而，在信息爆炸的时代背景下，受众数量大幅提升，公众权利意识提高，对于司法信息公开的广度和深度均提出了更高的要求。自

---

[1] 张新宝、王伟国："司法公开三题"，载《交大法学》2013年第4期。

[2] 孙午生："司法公开社会价值实现路径的思考"，载《北京政法职业学院学报》2013年第3期。

2009年12月8日最高人民法院发布《关于司法公开的六项规定》到2018年11月20日发布《关于进一步深化司法公开的意见》，我国网络司法公开规范化、制度化、信息化水平显著提升。审判流程公开、庭审活动公开、裁判文书公开、执行信息公开四大平台全面建成运行，开放、动态、透明、便民的阳光司法机制已经基本形成，在保障人民群众知情权、参与权、表达权和监督权，促进提升司法为民、公正司法能力以及弘扬法治精神、讲好中国法治故事等方面发挥了重要作用。可见，基于网络时代发展要求，我国司法公开的概念界定已经发生了巨大变化。

笔者认为，任何概念的界定都离不开特定社会经济和科技发展的背景，随着时代的进步，司法公开采广义解释，强调将审判公开之外的司法行为以及相关司法信息公开已是大数据时代司法公开的应有之义。为此，司法公开的内涵不仅指公开审理和判决，还包括执行信息公开、审判流程信息公开、审务公开等相关司法行为和司法信息的公开。

需要指出的是，本书研究的司法公开仅限于法院系统的司法公开。尽管检务公开通常也被认为属于司法公开的一部分，但从司法权的本质和特点来看，司法权主要是指裁判权，而裁判权所具有的终局性、中立性的特点也决定了其才是最贴近司法权本质的国家权力。由于裁判权承担着定分止争、确定当事人权利义务的基本职责，强调裁判权的公开可以有效避免审判权的滥用，最终保障当事人诉讼权利的实现。而对于检察权而言，由于检察权本质上属于法律监督权，作为其主要权能的公诉权其实也体现了鲜明的法律监督色彩，且检察权所具有的主动性、高效性使其更多带有行政权的特征。因此，检务公开在目的、内容、方式等诸多方面都不同于审判公开，也很难将其界定为司法公开的范畴加以研究。故本书的研究范围限于法院系统的司法公开。

二、"司法公开"历史溯源和现代发展

（一）司法公开概念的起源

在域外，对司法公开一词的提及多体现于"审判公开"中。在英国，尽管《大宪章》等重要的宪法文件并没有关于司法公开的阐述，但早在盎格鲁－撒克逊统治末期就出现了百户区法庭、贤人会议等强调公开审理的集会式司法形式。正如学者指出的那样："英格兰司法最为惹人注目的特征之一便是所有的司法审判都在公众可以自由进入的公开的法庭里进行——自远古时代这就是英格兰的原则。"[1]在欧洲，中世纪奉行司法神秘主义，秘密审判带来的司法专断难以避免。随着欧洲资产阶级革命的胜利，人民的主体性原则得以确立，司法公开成了欧洲许多国家明确规定的法律制度。20世纪中叶，《世界人权宣言》首次规定并解释了审判公开原则，即人人完全平等地有权由一个独立而无偏倚的法庭进行公正和公开的审讯。联合国《公民权利及政治权利国际公约》明确规定了司法公开为一项基本程序权利。至此，司法公开成了世界范围内普遍适用的一项司法准则。

在我国，"司法公开"并非现代社会的产物。通过考察宋代以来的州县司法可以发现，中国传统司法早于宋代就已通过公示批呈词，州县官躬亲听讼断狱，向民众公开审理过程、勘验过程，当庭宣告、公示判决，公开判决执行诸多举措将司法向两造和民众公开。与此同时，代书、士绅、族长、里保等社会力量均以平民百姓的身份参与国家司法过程，监督司法活动。

---

[1]　王涛："英国普通法中的司法公开制度"，载《法律适用》2015年第1期。

通过州县司法公开，统治者能够向民众展示州县官的"清官"形象，同时有预防司法腐败、节省国家司法成本、弥补司法力量不足、提高司法效率的作用。[1]可见，中国一直有注重司法公开的优良传统。现今与宋代司法公开所处的社会背景、理想目标虽然千差万别，但在制度设计初衷上，"司法公正"与"清官司法"有重合之处。

（二）中华人民共和国司法公开制度的初步发展

中华人民共和国的司法公开制度建设开端于国内革命时期的革命根据地政权，如土地革命时期创制的《中华苏维埃共和国裁判部暂行组织及裁判条例》第16条规定："审判必须公开，倘有秘密关系时，可用秘密审判的方式，但宣布判决时仍应公开进行。"[2]中华人民共和国成立后，司法公开作为国家制度的重要组成部分在宪法中加以规定。《宪法》[3]第130条规定："人民法院审理案件，除法律规定的特别情况外，一律公开进行。……"此外，《刑事诉讼法》第188条规定："人民法院审判第一审案件应当公开进行。但是有关国家秘密或者个人隐私的案件，不公开审理；涉及商业秘密的案件，当事人申请不公开审理的，可以不公开审理。不公开审理的案件，应当当庭宣布不公开审理的理由。"《民事诉讼法》第137条规定："人民法院审理民事案件，除涉及国家秘密、个人隐私或者法律另有规定的以外，应当公开进行。离婚案件，涉及商业秘密的案件，当事人申请不公开审理的，可以不公开审理。"《行政诉讼法》第54条规定："人民法院公开审理行政案件，但涉及国家秘密、个人隐私和法律另有规定

---

〔1〕 黄晓平："中国传统司法的公开模式及其对当代中国的借鉴意义——以宋代以来州县司法为中心的考察"，载《中西法律传统》2009年第1期。

〔2〕 张莉："中国司法公开制度的发展"，载《中国司法》2011年第9期。

〔3〕《宪法》即《中华人民共和国宪法》，为表述方便，本书涉及的我国法律，直接使用简称，省去"中华人民共和国"字样，全书统一，后不赘述。

的除外。涉及商业秘密的案件，当事人申请不公开审理的，可以不公开审理。"这些都是司法公开原则在我国现行法中的体现。

（三）司法公开的现代发展

近十几年来，我国社会经历转型，社会矛盾也日趋复杂，由于司法公开有限，在一定程度上影响了司法公正的实现。同时公众对司法运行过程一知半解，种种社会现象极大地妨碍了司法公正，使司法权威深受消损。因此，党的十八大以后，中国法院致力于推进以深化司法公开为中心的司法改革工作。在党的十八届三中全会提出"维护人民权益，让人民群众在每一个司法案件中感受到公平正义"的必然要求后，推进司法公开成了司法改革之路上的"重头戏"。

根据人民法院出台的前三个"五年改革纲要"，当下我国司法公开的历程可被划分为三个发展阶段，其中1999年之前的司法公开，其主要内容即是指审判活动公开；1999年至2008年之间的司法公开，也是最高人民法院出台两个"五年改革纲要"期间，这一时期的司法公开主要强调的是进一步落实审判公开原则，同时强调依法扩大审判公开的范围，增加法院各项工作的透明度。随着2009年《人民法院第三个五年改革纲要（2009—2013）》的出台，司法公开进入全新局面。根据《人民法院第三个五年计划纲要》，未来应进一步加强和完善审判与执行公开制度，要加强裁判文书的说理以提高司法透明度，同时裁判文书网上发布制度和执行案件信息的网上查询制度也进入启动阶段，而这也意味着我国司法公开进入了全面司法公开时期。正是基于现阶段的全面司法公开，有学者将我国司法公开的未来趋势总结为：最大限度地公开；向新闻媒体公开；走向电子形式公开。[1]

---

〔1〕　高一飞："走向透明的中国司法——兼评中国司法公开改革"，载《中州学刊》2012年第6期。

为了更好地推进司法公开，最高人民法院出台了一系列文件。2009年12月8日，最高人民法院颁布《关于司法公开的六项规定》，提出了"立案、庭审、执行、听证、文书和审务公开"的六项信息公开制度，同时发布了《关于人民法院接受新闻媒体舆论监督的若干规定》，地方法院开始选择社会关注度高、依法公开审判的案件进行庭审网络直播。2013年至2018年间，最高人民法院先后发布了《关于推进司法公开三大平台建设的若干意见》《关于人民法院在互联网公布裁判文书的规定》《关于人民法院通过互联网公开审判流程信息的规定》《关于人民法院执行流程公开的若干意见》《关于公布失信被执行人名单信息的若干规定》等十余个规范性文件，开通了中国审判流程信息公开网、中国庭审公开网、中国裁判文书网、中国执行信息公开网"四大公开平台"。公开的内容从庭审阶段拓展到立案、分案、审理、裁判、结案、执行等各环节，这些举措均旨在依托现代信息技术，打造阳光司法工程。2014年，最高人民法院周强院长在全国司法公开工作推进会上谈到，中国法院应转变司法公开理念，着力实现"四个转变"，并指出推进司法公开已成为新媒体时代满足人民群众对司法工作新期待的必然要求，更是提升司法水平和司法公信力的必然要求。

不难看出，在现阶段的司法公开中，互联网技术的兴起为司法公开的方式、途径等提供了新思路。例如，裁判文书网上公开制度实施以来，截至2020年8月30日，中国裁判文书网文书总量已突破1亿篇，访问总量近480亿次。可见，在互联网的助力下，司法的神秘面纱已被轻松揭开，司法运行过程及时地走出法庭，公之于世，司法公正得到充分保障，互联网时代的司法公开已然开启。

三、司法公开之价值功能

每个制度都是时代的产物。古代司法公开的存在旨在实现亲民、息讼与教化效果；现代司法公开制度的建立同样具有缓解社会冲突、维护司法公正、树立司法权威等多重价值。我国现代司法体制在发展过程中，司法地方化、司法行政化、司法低职业化、司法权配置异化、司法保障"分灶"固化、人权司法保障弱化等不足逐一显露，为此中国法院决定进行司法改革，推进司法公开工作。[1]

第一，司法公开是规范司法权力，实现程序公正的重要保障。从中外学者关于程序公正最低要素的研究来看，司法公开（尤其是庭审公开）是实现程序公正的最低要求。而程序公正的基本价值即在于规范司法权力，限制其恣意和滥用，从而保障当事人获得最低限度的程序正义。尽管司法公开的内容和范围在不断扩大，但其规范司法权行使的价值依然未改变。具体而言，从国家层面审视，司法权作为一种直接关系社会正义和公民权益的公权力，必须被严格规范，而对权力行使的过程和结果进行公开无疑是非常有效的途径。因为透明是预防腐败最有效的途径，人民法院最大限度地打造无边界的司法公开及服务平台，以促进司法自律，表明中国司法权运行是透明及民主的。[2]而对于司法机关而言，在知道自己的活动将会被公之于众时，司法机关必然会在司法权行使过程中严格自我监督，规范自己的行为。在公众的监督、舆论压力下，法官任何不规范、不公

---

[1]　徐汉明等："深化司法体制改革的理念、制度与方法"，载《法学评论》2014年第4期。

[2]　孙午生："司法公开社会价值实现路径的思考"，载《北京政法职业学院学报》2013年第3期。

正的地方都可能被公众发现，能够倒逼法官提高思想认识水平和业务能力，以切实依法行使司法权，保障司法工作的高水平与精准性。

第二，司法公开是司法民主原则的直接体现。司法公开能够保障公民权益，满足公众对于司法的知情权、参与权及监督权。作为人民当家作主的社会主义国家，人民权利至高无上，向人民群众公开司法的运行情况，使其知晓，受其监督，是对中国司法机关的基本要求。最高人民法院周强院长谈道："人民群众期望的公平正义，不仅应当是实在的、及时的，还应当是可以看得见、感受得到的，这就要求司法工作必须最大限度地向社会公开。"在社会变革的大背景下，公民的权利意识也在不断增强，司法工作的开展尽力以满足民意为前提，而公开司法运作全过程恰恰能够让公众随时了解司法、参与司法、监督司法。

第三，司法公开是培养公众法律意识的有效途径。司法公开的过程同时也是进行法律宣传、普及法律知识的过程。经过司法公开，司法结果在得到公众信任的同时，亦能够培养公众的法律信仰。在实践中，法院通过公开庭审过程与判决结果，能够为诉讼参与人及社会公众提供一份法律文书范本，成为法制学习教材，利用具体的司法案例为社会各界提供具体的行为指引，对防范纠纷具有积极作用。此外，司法公正是司法的最高追求，司法公开是维护司法公正、提升司法公信力的关键。换言之，司法公开只是手段，而非目的，中国法院推进司法公开改革的最终目标还是提升社会公众对司法的认知与认可，提升司法公信力。

第二节　互联网环境下司法公开的全新发展

一般认为，互联网时代是指网络和电脑相结合，利用网络进行数据传输和沟通，从而使得人们生活方式发生重大改变的时代。2021 年 9 月 26 日，中国网络空间研究院在世界互联网大会乌镇峰会上发布了《中国互联网发展报告 2021》和《世界互联网发展报告 2021》蓝皮书。《中国互联网发展报告 2021》系统、全面、客观地反映了一年来中国互联网发展情况，并从 6 个方面对全国 31 个省（自治区、直辖市）互联网发展情况进行评估。根据该报告，我国的网民数量从 10 年前的 5 亿人增长到了现在的 10 亿人，互联网的普及率超过 70%。新型冠状病毒肺炎疫情期间，我国 8 亿人网购、4 亿人叫外卖、2 亿人用在线医疗。可见，网络已经彻底改变了人们的生活方式，我国已经真正进入了互联网时代。

互联网时代的到来对司法公开而言具有特别重要的影响。这是因为，互联网时代到来后，社会公众对司法的知情度、参与度早已不再满足于从前，若继续坚持将司法公开狭隘地理解为审判公开，依赖法院自身有限的力量推进司法公开工作，司法公开效果将每况愈下，司法威信将面临多重危机。为此，在大数据时代，如何应对互联网环境给司法公开带来的挑战和机遇，如何全面深化司法公开成了一个全新的话题。

一、互联网环境对传统司法公开的挑战

（一）互联网时代的特殊性

由于互联网的特殊性，司法公开在网络背景下与传统环境中的司法公开具有不同的特性。为此，了解互联网及其环境的特点可以更好地对网络司法公开进行针对性研究。互联网及其

环境的特点主要体现在以下几个方面：

第一，网络具有交互性特征。所谓"交互性"是指人们在信息交流系统中对各种多媒体信息的发送、传播和接收表现为实时交互操作方式。交互性特征决定了公众与媒体的沟通可以随时随地进行。而这对信息发布者的信息发布质量、发布之后的互动和反馈都提出了更高的要求。

第二，网络具有时效性特征。在大数据背景之下，信息的传播方式多样，传播速度加快，传统时代信息传播的时间与空间限制被打破。发布在互联网上的信息只需几秒钟便可以在全国甚至世界范围内传播；互联网这种高效、便捷的信息传播特性极大地提高了公众参与社会活动的热情。公众可以随时随地在各种社交媒体上发表言论、进行信息共享，网络民意所体现的力量前所未有。

第三，网络具备广泛性特征。一方面，网络的使用主体广泛。根据 We Are Social 联合 Hootsuite 发布的《2021 年 10 月全球数字报告》，截至 2021 年，全世界互联网用户达 50 亿人，社交媒体用户达 42 亿人。这意味着亿万网民都可借由网络参与交流、浏览信息、发表个人对各类社会新闻和事件的看法。另一方面，网络内容的覆盖面广泛。在大数据时代，网络内容五花八门，从社会热点到国家时事，从生活点滴到法律大案，社会生活的方方面面都被纳入了网络环境。这种广泛性决定了网络舆论的影响深远，如何避免网络舆情的出现成了人们不得不面对的问题。

第四，网络具有隐蔽性特征。网络空间的虚拟性和开放性在便于公众自由发表言论的同时，也加剧了公众个人信息泄露以及合法权益遭受损害的风险。由于网络具有隐蔽性，网络黑客可以通过随意变换 IP 地址等不法技术手段获取公众的个人信息，这将加大保护当事人以及其他诉讼参与人隐私的难度。

（二）互联网环境对司法公开的挑战

德沃金曾言："任何国家部门都不比法院更为重要，也没有一个国家部门会像法院那样受到公民那么彻底的误解。"[1]我国也有学者指出，法律专业化在法律人和外行人之间竖起了天然的屏障，法律的专业化程度越高，这堵墙也就越高。[2]可见，司法与人们的生活息息相关，但其专业性却又容易使司法和普通民众产生隔阂。传统司法公开模式在公开审判方面的制度安排更多强调的是对公民听审权的保障，以更好地实现程序公正。但这种司法公开的内容和范围却无法更好地实现公民知情权，从而在一定程度上加剧司法与民众的隔阂。而随着互联网时代的到来，这种矛盾显得尤为突出，法院司法公开面临前所未有的压力和挑战。

第一，互联网具有的强势聚合力及良好互动性，使得社会公众对司法的影响日益强大。传统时代的司法信息主要由司法机关或新闻媒体通过报纸刊登、电台广播、电视转播等单向的方式进行传播。公众只能被动地接收司法机关提供的司法信息。但是，在互联网环境下，微博、微信公众号等社交媒介的出现使得公众与司法机关、新闻媒体机构的沟通可以随时随地进行。正如有学者指出的那样，互联网这种信息沟通的强势聚合力及良好互动性会带来社会权力结构的变化，即来自基层社会及社会认同构成的信息权力会成为最有活力、影响最广泛的新型权力，给传统的社会生活带来激烈挑战。[3]当社会公众与代表公

---

〔1〕　［美］德沃金：《法律帝国》，李常青译，中国大百科全书出版社1996年版，第10页。

〔2〕　强世功：《法律人的城邦》，上海三联书店2003年版，第33页。

〔3〕　刘少杰："网络化时代的权力结构变迁"，载《江淮论坛》2011年第5期。

权力的司法机关在互联网的助力下对司法的影响日益增大且客观上又能够实现便捷的沟通时，司法机关在此背景下必须对此作出回应。

第二，随着网络对信息的高速处理，社会公众的信息摄取量和需求量大幅提升，客观上导致公众司法关注度的高涨，要求司法机关及时进行司法公开。传统时代，渠道较为闭塞，公众无法及时获取相关司法公开信息，客观上导致公众对社会实践和司法案件的关注度降低。但在网络时代，随着司法信息传播的快捷和便利，每个敏感案件都会引发社会公众的强烈关注。此时，如果司法机关依然不及时回应，容易使本就存在距离的社会公众与司法机关产生隔阂，隔阂滋生误解，从而加剧司法信任危机。

第三，司法参与热情高涨的公众常会就关注的社会热点案件在社交平台上交流意见，不断发酵的社会舆论会在无形中给承办案件的司法机关及法官带来更大压力，继续坚持传统司法公开模式会使公众对司法机关的误解加深，带来不良后果。换言之，网络时代下网络舆情的影响远远超过传统环境下司法舆情的影响，如果司法对此不能做出及时和全面的回应，将会进一步影响司法公信力。

由此可见，互联网时代的到来使社会权力结构发生了变化，这种无形变化的大环境给司法公开带来了全新的挑战，肩负巨大压力的司法公开制度亟待寻求新出路。

二、互联网环境下司法公开的新发展

（一）网络司法公开成为时代趋势

任何挑战都意味着机遇的到来，在网络快速发展使社会权力结构发生转型的新形势下，司法公开新局面和新机遇也来到了。可以说，为了回应互联网时代也到来了，网络司法公开已经成为大势所趋。

1. 网络司法公开是回应互联网时代的必然要求

互联网实现了时间、空间无边界，打破了传统媒介的时间、版面限制，可以实现自由、平等、即时的信息传播效果。互联网技术的传播范围与速度是电视、广播、报纸等传统媒介望尘莫及的，依赖传统媒介向公众公开司法信息的传统司法公开模式显然已无法满足社会发展的现状。中国法院在面对网络媒体的巨大冲击时别无他途，只能抓住机会，将新兴互联网媒介的优势视为推进司法公开的全新契机，充分利用互联网平台将传统的静态公开模式转化为动态公开模式。司法机关应不再局限于信息的产生者这一角色，而是应成为司法信息的发布者、传播者，在工作中贯穿司法公开是司法机关与受众双方的双向公开，加大受众数量，提高公开程度。[1]

2. 互联网司法公开已成世界潮流

互联网司法公开模式的产生与存在必然有其正当性。纵观域外，近代以来司法公开同样是发达国家重要的司法价值，并历经时代的迭变而不断改进。虽然司法环境不同，但在信息时代到来后，各国均在不同程度上利用新媒体推进司法公开工作。美国法院应用社交媒体与公众、媒体、陪审员进行信息交流。澳大利亚部分法院为与公众建立了密切联系，也谨慎地使用了社交媒体。英国最高法院不仅同样应用了 Twitter、YouTube、Flickr 等社交媒体，还设立了专门的直播频道，观看者可以观看英国最高法院的审理，并在官网公布时间表，以保证公正、准确地报道法庭诉讼。一些国际法院和特别法庭也应用了社交媒

---

〔1〕　肖萍、陈莎："自媒体时代下的司法公开"，载《贵州民族大学学报（哲学社会科学版）》2016 年第 6 期。

体：国际刑事法院开通了 Twitter、Flickr，前南斯拉夫问题国际刑事法庭开通了 Facebook、Twitter、YouTube。[1]可见，在启动互联网司法公开模式的大环境下，推行互联网司法公开能够利用信息网络平台打开屏障，最大限度地公开司法信息，有效提升公众对司法信息和司法程序的参与热情，真正做到"正义不仅应得到实现，而且要以人们看得见的方式加以实现"。[2]保证公众见证司法正义，重塑司法威信。

（二）推进互联网时代司法公开模式的意义

事实上，信息时代的到来是一个良好契机，作为当今世界创新速度最快、通用性最广、渗透力最强的高新技术之一，信息技术能够以较低的成本，将优质司法资源数字化，并依托专网、互联网、移动通信网等基础设施，及时实现信息共享。信息技术的进步，对司法工作已经产生并必将进一步产生深刻影响。正如学者们所说，大数据、云计算、物联网和正在建设的智慧城市、智慧社会催生了现代社会的又一次深刻变革。这是因为，互联网在推进司法公开工作方面具有独特优势，利用互联网技术适时跟进的方式将使得司法公开迈入全新阶段，从而推动司法公正的更好实现。

第一，互联网司法公开模式是满足公众司法需求的核心举措。现代网络科技极大地丰富了司法公开的载体，且消除了司法公开的技术障碍，网络社交平台成了重要助推器。在互联网司法公开模式下，公众无需出席法庭旁听即可通过简单操作在手机上旁观庭审全过程，亦可随时随地在裁判文书网上查阅相

---

〔1〕 支振锋："庭审网络直播——司法公开的新型方式与中国范式"，载《法律适用》2016 年第 10 期。

〔2〕 徐丹："'运动式公开'利弊几何？——将人民司法传统引入司法公开化进程"，载《科学社会主义》2014 年第 3 期。

关司法文书,在法院官方网站上查询法院的机构设置等信息。这种模式化解了由"信息不对称"造成的隔阂,改变了传统的由法院主导的单向性公开,摆脱了单纯通过制度设计和实务操作来搭建平台和扩宽渠道的困境,实现了司法公开参与主体平等交互性司法公开模式。[1]可以说,互联网技术在司法公开中具有积极作用,有益于公众行使表达权、实现监督权、满足知情权,在提升公众认知能力的同时,也为满足公众日益增长的多元化需求提供了有力支撑。

第二,互联网司法公开模式是实现司法全面公开的必然结果。对比现有技术条件,互联网是最便捷、高效的技术,通过互联网与司法运行的有机结合,司法信息公开能够突破物理空间、时间及容量限制,将法院在"做什么、怎么做、为何做"的全过程尽可能展现给公众。这极大地扩展了中国司法公开的深度与广度。传统司法公开模式背景下,诸多地方法院在司法实践中"选择性公开",满足于"摆样子""凑数字",对案件的关键环节、关键信息不予公开或设限公开,这些行为与"应公开、尽公开"的理念相悖。互联网司法公开模式真正构建了开放、动态、透明、便民的新局面,为实现司法信息全面公开的目标提供了可能性。毋庸置疑,无论是从内容、理念来看还是从对审判的影响力来看,互联网司法公开模式都远远超越了传统司法公开模式,做到了最大限度的司法公开,将司法权力的行使置于阳光下,接受社会公众的广泛监督,促进司法的公正与廉洁,是中国司法公开的重要引擎。

第三,互联网司法公开模式是重塑司法公信力的现实需要。公众不会相信一个秘密的法院,越是公开、透明的法院就越会是

---

[1] 林坤:"论司法公开3.0版的基本理念",载《海峡法学》2020年第1期。

一个公正的法院。[1]只有司法公开才能实现司法公正，才能让公众感受到公平正义，才能塑造司法权威，提升司法公信力。简言之，司法公开是司法公正的必要条件。司法公开绝不能流于形式，实质公开才是重中之重。毋庸置疑，传统司法公开模式存在形式大于实质的可能性，如继续坚持下去，保障司法公正、提高司法公信力的终极目标不免会落空。就目前而言，网络司法公开模式能够借助电子媒介使司法机关得以更广泛、全面地传达司法信息，利用互联网媒体的传播优势大幅减少案件相关虚假信息泛滥的问题，帮助公众了解更精准的司法制度和司法活动。因此，适用互联网司法公开模式是基于网络社会对司法运行方式的现实需要，互联网平台应当（也必然）成为当今司法公开的主阵地。

总而言之，满足公众的司法需求、实现司法全面公开、提高司法能力、促进法律统一适用、重塑司法公信力这些价值只有在互联网司法公开模式下才可能得以实现。这也正是坚持互联网司法公开的意义。需要注意的是，虽明确了互联网司法公开模式是顺应时代的长足之路，但需要指出的是，在强调上述司法公开的工具性价值之外，我们仍不能忘记司法公开的根本性价值或内在价值，即通过司法公开，体现程序正义，切实保障当事人的公正听审权。这一内在价值是传统司法公开的基础，也是网络司法公开的基础。这一基础性价值意味着在网络司法公开多种价值出现冲突时，应强调内在程序价值优先。

---

[1] 华莱士："司法透明的理论、实践与挑战"，载《法律适用》2006年第3期。

三、传统司法公开与互联网司法公开的区别

第一，司法公开的价值功能不同。传统司法公开模式将司法公开视为一项基本司法原则，主要表现为司法机关在审判司法案件过程中，为保障当事人听审权，应遵守有关司法公开的相关规定，以体现司法活动的正当性，进而保障程序正义的实现。因此，传统司法公开主要是作为保障公民公正听审权的一个环节而存在的，其影响和意义更多地局限于参与诉讼的当事人。而互联网司法公开模式则通过增强公开的广度和深度，使得司法公开的价值维度也有所增加，其在保障当事人公正听审权之外还强调了通过积极推进司法公开，保障公民知情权、监督权，从而让暗箱操作无空间、让司法腐败无处藏身，摒弃司法神秘主义，通过司法公开提高司法工作水平、司法人员素质、司法公信权威。〔1〕

第二，司法公开的内容不同。传统司法公开模式为狭隘的司法公开，以审判公开为核心，强调庭审允许公众旁听，同时借助传统媒体对个案庭审进行电视直播，并通过对案件判决进行公告等方式告知公众司法案件的庭审过程与宣判结果。而互联网司法公开则更加立体，形成了不设限制的公开范围，不再局限于审判活动，而是反映司法工作全貌。从纠纷进入法院时的立案公开，到审务公开，直至判决完成后的执行信息公开。此外，借助网络平台，不仅可以公开司法工作的文字、图像和声音类信息，还可以使得相关信息以动态甚至互动形式呈现在公众面前。〔2〕

---

〔1〕　范明志："网络司法公开：'互联网+司法'改革的起跑线"，载《人民论坛》2018年第11期。

〔2〕　张立勇："网络时代的司法公开"，载《中国党政干部论坛》2012年第7期。

简言之，互联网司法公开模式丰富了传统司法公开的内容，扩展为个案与审判实务的有机结合，实现了由点至面的飞跃，真正贴合司法公开的本意。

第三，司法公开的途径不同。传统司法公开模式依赖电视、报纸、电台等传统媒体。纸质媒体受其物理特性、派送渠道、阅读人群的影响而呈现出空间范围的局限性。无线广播和电视虽然扩展了公共领域的空间范围，但仍然要受播出时间的限制。由于其对司法案件的报道具有时间性，甚至较纸质媒体的影响时效更为短暂。[1]因此对于公众来说，传统司法公开途径在时间、地点等方面的诸多限制使其接收、获取司法资讯并非轻而易举。反观互联网时代的司法公开途径则截然不同，网络、微博、微信等现代传播途径无所不在。众所周知，自媒体的一大特点就是使用门槛低，在这个"人人都是记者，人人都能发声"的自媒体时代，传统媒体与自媒体平台等多种公开途径使得民众获取司法信息变得极其容易。普通大众只需在手机或电脑上下载并安装相关应用软件，经过简单的操作即可获取互联网平台上的信息，同时可以在互联网平台上通过发送文字、图案或音频、视频等发表自己的意见。此时，我们虽不能就此定义自媒体用户涵盖了所有社会公众，但自媒体的传播范围远超传统媒体的覆盖范围，能够扩展到全国范围甚至域外的普通大众。

第四，司法公开的时效不同。首先，传统司法公开的时效性较差，以庭审直播为例，除了到场旁听听审的民众能够及时了解庭审信息外，其他民众多是通过事后的报道加以了解。即便有少量的电视直播庭审，在时间、地点上也会对公众构成诸多限制，因此司法公开的时效性较差。而在互联网司法公开模

---

〔1〕 吴敢铮："网络时代的舆论与司法——以哈贝马斯的公共领域理论为视角"，载《环球法律评论》2011年第2期。

式下，法院可以选择在微博等多个网络平台上进行庭审视频直播，公众可以选择即时观看，也可以选择通过手机或电脑观看。这突破了时间、场所和设备的限制，真正实现"即视性正义"。在执行信息公开方面，移动办案平台可以随时记录、保存和在线发布执行现场信息，促进审判执行全程留痕。其次，在司法公开信息的保存时间上，互联网司法公开模式优势显著。以裁判文书公开为例，传统司法公开模式多通过公告、电视报道等方式公开文书，公开时效较短，事后不便于公众查阅判决。而在互联网司法公开模式下，法官会将裁判文书即时上传至裁判文书网，非存在特殊情形不会撤回文书，公众无需向谁申请即可随时随地查阅想要了解的某份裁判文书。

第五，司法公开的互动性不同。一般认为，传统司法公开是一种单向的司法公开，缺乏受众与发布者的互动。这是因为，在传统司法公开模式下，法院本身更注重对公众的信息输出，而忽略了公众对司法活动的反馈与表达。同时，由于传统媒体信息容量的有限性，普通民众即便对司法有所不满也难以倾诉，即便有所倾诉，大量意见也无法进入到公共领域，因此很难真正参与到司法活动中。[1]反观互联网司法公开模式，自媒体的交互性特征巧妙地为公众提供了一个良好渠道。开通"法院微博""法院公众号"等专栏意味着司法机关搭建了一个与网民交流的新平台，社会公众可以随时留言、评价、询问。这就改变了传统模式下沟通封闭的状态，及时回应社会公众对司法信息的反馈变得极其容易。这种良好的双向信息传达与互动的模式使得司法公开的效果跨上了一个新台阶。例如，最高人民法院最近几年通过对审判运行管理、司法政务管理、公共信息服务

---

〔1〕 吴啟铮："网络时代的舆论与司法——以哈贝马斯的公共领域理论为视角"，载《环球法律评论》2011 年第 2 期。

三大板块进行数字化建设，保证公众不仅能够获取司法信息，还能在此基础上表达自己的想法，司法机关亦可通过平台及时掌握网络舆论的最新动向，获知公众对自己的反馈，积极予以解释、沟通或调整，获得了良好的司法公开效果。

我国网络司法公开的宏观考察

第一节 网络司法公开的具体内容

加强司法公开是落实宪法、法律原则、保障人民群众参与司法的重大举措，是深化司法体制综合配套改革、健全司法权力运行机制的重要内容，是推进全面依法治国、建设社会主义法治国家的必然要求。党的十八大以来，以习近平同志为核心的党中央高度重视司法公开工作，党的十八届三中、四中全会将推进司法公开，构建开放、动态、透明、便民的阳光司法机制作为全面深化改革和全面依法治国的重要任务，作出了一系列重大部署。

阳光是最好的"防腐剂"。人民法院坚决贯彻落实党中央决策部署，紧紧围绕"努力让人民群众在每一个司法案件中感受到公平正义"的工作目标，进一步保障司法公正，满足人民群众知情权、参与权、监督权，提升司法透明度和司法公信力，2013 年以来，最高人民法院统筹谋划、一体部署，坚持依法公开、主动公开、全面公开、实质公开，并依托互联网，同步推进审判流程、庭审活动、裁判文书、执行信息四大公开平台建设，促进司法公开透明。坚持以公开为原则、以不公开为例外，将司法公开覆盖人民法院审判执行工作各领域、各环节，确保向社会公开一切依法应当公开的内容。2016 年 11 月，第十二届全国人民代表大会常务委员会第二十四次会议听取和审议《最高人民法院关于深化司法公开、促进司法公正情况的报告》，对司法公开工作给予了充分肯定。[1] 2018 年 11 月 20 日，最高人民法院发布《关于进一步深化司法公开的意见》，更加突出运用互联网方式，不断拓展司法公开的广度和深度。目前，我国司法公开规范化、制度化、信息化水平显著提升，审判流程公开、庭审活动公开、裁判文书公开、执行信息公开四大平台全面建成运行，开放、动态、透明、便民的阳光司法机制已经基本形成，在保障人民群众知情权、参与权、表达权和监督权，促进提升司法为民、公正司法能力以及弘扬法治精神、讲好中国法治故事等方面发挥了重要作用。司法公开是新时代法治中国建设的生动实践，已经成为我国开展国际司法交流合作的一张亮丽名片。

一、审判流程网上公开

（一）审判流程网上公开的基本内涵

结合最高人民法院《关于推进司法公开三大平台建设的若干意见》的具体内容，审判流程公开是指人民法院对诉讼案件经历的立案、分案、开庭、裁判、归档等各个流程节点，运用信息技术手段进行数据管理，利用网站、电话语音系统、手机短信平台、电子公告屏和触摸屏等多元化现代信息技术，及时向社会公众及案件当事人公开案件信息，同时向社会公众提供高效、快捷的诉讼服务。该意见要求开发完善统一的审判流程查询系统，方便案件当事人查询案件进展情况，提升审判工作

---

[1] "深化司法公开"，载中国法院网：https://www.chinacourt.org，最后访问日期：2020 年 10 月 8 日。

透明度，充分发挥审判流程公开平台在远程立案、公告、送达、庭审、听证方面的辅助功能，提升工作效率，减轻当事人讼累。同时，通过外部监督促使法官改变原有的审理案件先易后难的工作方式，将工作方法和节奏转到适应审判流程管理上来，较好地解决审理拖延的问题，实现审判工作高效、有序的良性循环。通过审判流程公开平台向公众公开法院机构、人员、诉讼指南、审判指导文件以及名册等各类指南性信息，将法院包括办案流程、依据、机构和人员分工等在内的所有"家当"都向公众进行展示。这类似于某些餐馆推出的现代化营销方式——"透明厨房"，把作业环境、操作流程等全部"曝光"在消费者面前，时刻接受监督。同时，法院整合立案、审判过程中的各类流程节点信息，供案件当事人获取，这就像是在电子商务领域中，消费者购物后可实时跟踪、查询物流明细，这将促进司法审判的程序更加规范、有序，避免隐性的审限拖延等不良现象。[1]

　　2014年11月，中国审判流程信息公开网正式开通，现已成为审判流程信息的集中汇聚和统一发布平台，为当事人提供了"一站式"公开服务。案件当事人及其诉讼代理人自案件受理之日起可以凭有效证件号码随时登录查询、下载相关案件的流程信息、材料等，程序性诉讼文书可以通过网络电子送达。2018年3月4日，最高人民法院发布《关于人民法院通过互联网公开审判流程信息的规定》，明确除涉及国家秘密以及法律规定应当保密或者限制获取的审判流程信息以外，人民法院在审判刑事、民事、行政、国家赔偿案件过程中产生的程序性信息、处理诉讼事项的流程信息、诉讼文书、笔录等四大类审判流程信

---

　　[1] 杨炎辉："让司法公开发挥全方位倒逼效应"，载《人民法院报》2014年1月29日。

息，均应当通过互联网向参加诉讼的当事人及其法定代理人、诉讼代理人、辩护人公开。截至 2018 年 12 月底，中国审判流程信息公开网公开案件 4 609 074 件，公开率为 99.43%，访问量为 34 530 649 次，共推送短信 18 145 449 条，全国法院共发布公众栏目信息 1 536 570 个。

（二）审判流程网上公开的各地实践

在北京市，北京市高级人民法院将所有案件立案、审理、延长审限、宣判、执行等各个环节的工作情况上传至北京法院审判信息网、12368 语音电话、APP 移动平台，使人民群众可以更便捷、更直接地监督司法工作。从案件受理之日起，公开案件承办人、合议庭组成人员、案件审理期限及变更情况、案件所处阶段等流程节点信息。审判流程公开的对象是案件当事人及其代理人。公开的主要流程节点为：立案、分案、变更承办人、变更审判组织成员、开庭公告、变更适用程序、延长审限或执行期限、中止审限或执行期限、送达文书、结案、提起上诉、提起复议、向上一级法院移送卷宗。

在江苏省，江苏省高级人民法院通过实施"看得见的正义"工程，提高审判工作透明度，包括增强立案公开实效，通过手机短信向当事人告知立案审查节点信息，设立网上诉讼服务中心为公众服务提供诉讼指南、法律文书范本，为涉案当事人提供个案查询明细，具体包括案件名称、案号、案件承办庭、案件状态立案日期、结案日期、法定审限、案由、审限变更情况（包括原因、开始时间、结束时间、天数）、开庭安排（包括开庭时间、开庭地点）、合议庭成员组成以及裁判文书内容，信息简明实用。

在浙江省，浙江省高级人民法院依托审判质效电子评估体系，强化案件流程管理，实现对所有案件流程节点的网上全程监控。开通案件信息查询系统，方便当事人在网上查询本案的审理、执行进度，当事人可以查询案件的案号、立案日期、案由、当事人姓名或名称、案件承办人和合议庭组成人员名单、案件流程等信息。同时，规范案件信息查询工作，解决案件信息录入的及时性、完整性问题，保障公众的知情权和监督权。通过数字法庭系统监督法官的庭审行为，使司法更加透明、公开，让公正"可定格""可再现""可复制"。积极发挥数字化法庭的优势，选择典型案件在互联网和当地广场视频上开展庭审直播、点播，拉近法院与公众的距离。全面启动案卷档案的数字化采集、存储工作，逐步实现全省已结案件的网上调档、网上查阅，为当事人、律师安全、快捷地查阅卷宗提供便利。上海法院同样也提供了诉讼在线服务平台，分为当事人服务区和公众服务区。其中，当事人服务区下设网上立案审查、材料收转、文书送达、办案进度查询、联系法官、网上信访 6 个子栏目，其中网上立案审查栏目可实现网上立案材料递交，界面也较为友好。公众服务区可以方便人民群众了解基本的诉讼流程，模拟法庭的三维演示也可以让民众身临其境地感受庭审。[1]

二、庭审活动网上公开

早在 2013 年初，人民法院新闻传媒总社（以下简称"总社"）即牢牢把握司法公开发展的大势，借助互联网新技术研究开发中国法院庭审直播网，于当年 12 月 11 日上线运行，并为部分省、区、市法院直播了大量庭审案件，受到了社会各界的广泛关注和好评。2015 年 4 月，经过层层审核评选，中国庭审直播网入选国家新闻出版改革发展项目库（重点项目）。2016

---

〔1〕　孙一鸣："审判公开的主动脉——审判流程公开"，载《法制博览》2016年第 6 期。

年，在最高人民法院的决策部署下，总社作为庭审公开网的官方建设和运营单位，与新浪网开展战略合作，借助新浪网的技术和资金优势，在原有平台的基础上共同打造中国庭审公开网，于同年 9 月 27 日正式上线运行，并向全国推广。期间，总社两次组织全国知名专家、学者、律师等召开研讨会，就庭审公开的理论基础和社会价值、推进庭审直播可能存在的风险和问题等进行了深入的探讨和论证，并连续两年在全国法院媒体融合发展会议上作为重点工作予以安排，着力提高社会各界（包括各级法院）对庭审公开的认知，提升推广力度。截至 2017 年底，已接入中国庭审公开网的法院达到 3314 家，约占全国法院总数的 94%，其中 27 个省、区、市法院实现了 100% 覆盖，人民法院庭审公开全覆盖的目标初步实现。据中国庭审公开网的统计：截至 2017 年 12 月 31 日，全国法院已累计直播庭审案件超过 56 万场，单日最高直播量超过 4000 场，单场观看量最高超过 1162 万人次，主网站及关联网站总观看量超过 42 亿人次，且继续呈爆发性增长趋势；全国已有 38 206 名员额法官在中国庭审公开网直播庭审案件，其中包括各级法院的院长、副院长 530 名，年直播 40 起以上案件的法官有 296 名。中国庭审公开网强力营造司法公开新常态，有力地促进了司法公开，提升了司法公信力，应用成效显著。[1]

2013 年 12 月 11 日，中国法院庭审直播网开通。2016 年 9 月，最高人民法院在对中国庭审直播网进行全面升级的基础上，正式开通中国庭审公开网，实现了各级人民法院庭审视频的统一汇集和权威发布。自 2016 年 7 月 1 日起，最高人民法院所有依法公开开庭的案件均可以通过互联网进行庭审直播。社会公

---

[1] 董永霞："中国庭审公开网促进司法公开积极作用日益突显"，载中国法院网：https://www.chinacourt.org，最后访问日期：2020 年 10 月 8 日。

众可以通过该网实时选择观看全国法院正在直播的案件、点播观看庭审录像、获取庭审直播统计信息，并且还可以通过微博、微信进行收藏和分享，真正实现了庭审信息的全面覆盖、实时互联和深度公开。截至 2018 年底，中国庭审公开网累计直播庭审 230 万余件，点击率超过 138 亿人次。各级人民法院高度重视大案要案审判公开，通过微博、互联网直播等方式，直播"'加百利'轮海难救助再审案""'乔丹'商标争议行政纠纷系列案"等一批社会关注的重大案件庭审实况。2016 年 1 月 7 日至 8 日，北京市海淀区人民法院全程直播了"'快播'涉嫌传播淫秽物品牟利案"庭审，直播总时长达 20 余小时，直播期间累计有 100 余万人观看视频，27 条长微博全程播报庭审情况，累计阅读次数达 3600 余万次。

自 2017 年开始，杭州互联网法院、北京互联网法院和广州互联网法院相继成立，在线诉讼模式下的互联网法庭，三个屏幕端口设置于合议庭正前方，中间屏幕为法官端口，可随时根据庭审进展查看双方当事人提交的证据材料。左右两个屏幕端口为原被告登录端口，相当于传统法庭中的当事人席，参加庭审时也可随时查看证据。直播时，法庭与当事人端各自转化信号被收入直播画面中，在线旁听时可直观、清楚地看到庭审过程中各自端口的界面展示，除去信号不稳、收音延迟等因素，法庭与当事人之间的对话交流与线下基本无异。而且，在线诉讼模式下，互联网法庭的庭审直播对案件庭审内容的全貌展示更为充分，于公众而言也更为友好。通过关注三家互联网法院的庭审直播视频笔者发现，很多庭审均运用了屏幕共享技术，契合管辖案件焦点实质涉网、较多证据网上形成、证据审查网上可验的特点，由法院发起或当事人一方申请，庭审直播画面即可共享展示电子证据的内容。动静之下，不难看出，"互联网+"

时代下庭审直播越来越重视社会公众的用户体验，即使错过直播，公众也仍然可以在直播回顾区中观看相应的视频。因此，在在线诉讼模式下，庭审直播制度对案件的描摹、庭审的勾勒愈加清晰，当事人与社会公众从庭审活动中获得的信息内容和信息总量也日渐趋同，互联网技术模式的赋能提升了视频庭审在网络空间的传播速度和广度，也使得庭审资源多重利用成为可能。当今社会，人们对于是否选择全网直播，所持态度更为谨慎。而且，庭审直播常态化已经成为许多法院司法公开改革政策的基本方向，直播为原则、不直播为例外的具体规定已被写入多地高级人民法院关于庭审直播录播的规定。庭审直播率成了目标责任制考核的一项重要指标。各地高级人民法院规定的批准不直播的衡量标准也愈加严格，除非存在法定情形或其他不宜直播的情形，否则对于基层法院申请不直播的，一般不予审批。

《人民法院第五个五年改革纲要（2019—2023）》指出，要"健全完善司法公开制度体系，准确划分向当事人公开和向社会公众公开的标准，研究出台相关业务指引、技术标准和操作规程，明确司法公开责任主体"。江必新大法官认为，司法程序向当事人公开主要包括审理前程序的公开、庭审公开以及裁判公开，而司法程序对社会公开一般是指人民法院允许公众旁听案件审理。[1]庭审公开本质上其实是对庭审本来面貌的真实还原。"自身并没有给原本进行的司法工作直接增添或减少额外的价值。"[2]但是，司法公开制度承载着司法机关、当事人以及社会公众赋予的三重价值期待：①司法公信力——就司法机关而言，通过公开审判，倒逼法庭"提升业务水准，树立司法权威，彰显

---

〔1〕 江必新、程琥："司法程序公开研究"，载《法律适用》2014年第1期。

〔2〕 蒋惠岭："论司法公开的监督力量转化"，载《人民司法》2014年第9期。

司法独立";②当事人获得公正的审判——就当事人而言，通过
公开审判，全面获悉诉讼活动的详细信息，并在公开的法庭上
证明自己的诉讼主张、发表自己的辩论意见，进而影响法院审
判；③社会公众的知情权、监督权——就社会公众而言，通过
公开审判，"扩大司法公开范围，拓宽司法公开渠道，保障人民
群众对人民法院工作的知情权、参与权、表达权和监督权"，[1]
以司法民主促司法治理。

三、裁判文书网上公开

2013 年 11 月，最高人民法院开通中国裁判文书网，建立全
国统一的裁判文书公开平台，并率先在该网公布本院作出的裁
判文书。2014 年 1 月 1 日起，各级人民法院的生效裁判文书陆
续在中国裁判文书网公布。2015 年 12 月，中国裁判文书网改
版，增加了一键智能查询、关联文书查询、个性化服务等功能，
实现了少数民族语言裁判文书的公开，开通了蒙古语、藏语、
维吾尔语、朝鲜语和哈萨克语等五种民族语言文书的浏览和下
载功能。2016 年 8 月 30 日，中国裁判文书网 APP 手机客户端
正式上线。2016 年 8 月起，中国裁判文书网每日访问量均超过
2000 万次。2016 年 8 月 29 日，最高人民法院发布了修订后的
《关于人民法院在互联网公布裁判文书的规定》，详细列举了应
当公开的裁判文书类型，除涉及国家秘密、未成年人犯罪、以
调解方式结案或者确认人民调解协议效力、离婚诉讼或者涉及
未成年子女抚养、监护的文书以外，其他裁判文书一律在互联
网公布。"涉及个人隐私"的裁判文书在隐去"涉及个人隐私的
内容"后上网公开，已上诉、抗诉的一审裁判文书也应当上网

---

[1] 摘自最高人民法院《关于司法公开的六项规定》。

公开，同时与二审裁判文书建立有机关联。对于不公开的裁判文书，除可能泄露国家秘密的以外，公布案号、审理法院、裁判日期及不公开的理由。将裁判文书公开工作模式由传统的专门机构集中公布模式转变为办案法官在办案平台一键点击自动公布模式，建立了对公众反馈的投诉和意见处理机制、裁判文书公开督导机制，充分接受社会各界对裁判文书公开工作的监督。截至 2018 年底，中国裁判文书网公开裁判文书已经超过6200 万份，网站访问量已突破 210 亿次，用户覆盖全球 210 多个国家和地区，已成为全世界最大的裁判文书数据资源库。

2020 年 9 月 1 日，中国裁判文书网访问方式进行了升级，访问用户需通过手机号码验证的方式进行注册，注册登录后可以照常进行文书查询、下载等操作。用户的访问权限和操作习惯不受影响。作为外界观察中国司法的一大窗口，裁判文书网已经对境外的许多人产生了重大影响。裁判文书网公布的每一个裁判基本上都会拥有众多读者，包括当事人本身以及许多境内外的其他读者。截至 2020 年 8 月 30 日 18 时，中国裁判文书网公开文书总量已逾 1 亿份，访问总量近 480 亿次。在中国境外，裁判文书网公布的裁判的关注者包括广泛的各类机构和个人，其中包括外国政府及其所属部门。负责外交、商务、知识产权的外国政府部门为了理解中国法院如何审理涉及该国公民、公司和其他机构的案件（尤其是在该国外交官跟踪特定案件时），会留意裁判文书网公布的裁判。如果案件内容被翻译成外国文字，外国法官就可以阅读这些案件，以理解中国法官是如何审理类似案件的。[1]

---

[1] 最高人民法院新闻局："浅谈国际视野下的裁判文书网"，载最高人民法院公众号 2020 年 9 月 12 日。

四、执行信息网上公开

执行信息公开是指各级人民法院主要依托政务网站、电子触摸屏和案件信息数据库建立的公布执行信息的信息化平台。通过该平台，将过去的单向信息发布转化为双向交流沟通。在案件受理之后，当事人可以凭密码查询到案件的执行进展情况。2013 年 11 月 27 日，在全国法院司法公开工作推进会上，最高人民法院院长周强透露，人民法院将建立统一的执行信息公开平台，通过公开执行信息，让公众和当事人及时了解人民法院为实现当事人的胜诉权益所采取的执行措施。

2014 年 11 月，最高人民法院将被执行人信息、全国法院失信被执行人名单、执行案件流程信息、执行裁判文书四项公开信息予以整合，统一纳入中国执行信息公开网，实现全国法院执行案件信息、失信被执行人信息、终结本次执行案件信息、网络司法拍卖信息等内容的统一、及时、自动公开。2016 年 9 月 14 日，最高人民法院"中国执行"微信公众号正式上线，开通执行信息查询、执行规范发布、法律法规解读、执行文书公开等功能，方便社会公众随时随地获取执行工作信息和享受司法服务。截至 2018 年底，执行信息公开平台累计公布失信被执行人 1288 万人次。[1]

---

〔1〕　中华人民共和国最高人民法院：《中国法院的互联网司法》，人民法院出版社 2019 年版。

第二节　互联网司法公开的实践展开

一、网络司法公开的制度梳理

以公开促公正是司法公开制度设计的动力来源。有学者指出，不同于发达国家内生型司法公开的探索路径，我国的司法公开的推进方式是自上而下的，迅速、跨越式的发展路径源于司法机关希望在短时间内提高司法公信力、满足人民群众日益强烈的司法需求之政策回应。[1]从 1999 年颁布《人民法院五年改革纲要》开始，落实公开审判原则便被纳入了国家司法改革的顶层设计。最高人民法院于 2009 年 12 月 8 日发布《关于司法公开的六项规定》，司法公开制度步入了全方位公开的轨道。2010 年 10 月 15 日，最高人民法院又发布《关于确定司法公开示范法院的决定》，明确了司法公开示范法院标准。随后，在裁判文书公开、庭审直播录播、审判流程以及执行信息等领域发布了一系列规范性文件，逐渐形成了一整套制度机制。

最高人民法院发布的《关于司法公开的六项规定》和《关于人民法院接受新闻媒体舆论监督的若干规定》明确了立案公开、庭审公开、执行公开、听证公开、文书公开、审务公开等 6 项公开内容，要求逐步建立和完善互联网站和其他信息公开平台。

最高人民法院发布的《关于确定司法公开示范法院的决定》制定了司法公开示范法院标准规定，进一步落实了《关于司法公开的六项规定》，提高了示范法院的司法公开工作水平，制定

---

[1]　公丕祥："当代中国的自主型司法改革道路——基于中国司法国情的初步分析"，载《法律科学（西北政法大学学报）》2010 年第 3 期。

了示范标准及考评办法。

最高人民法院通过发布的《关于推进司法公开三大平台建设的若干意见》进一步深化司法公开，依托现代信息技术，打造阳光司法工程，全面推进审判流程公开、裁判文书公开、执行信息公开三大平台建设，增进公众对司法的了解、信赖和监督。

最高人民法院发布的《关于进一步深化司法公开的意见》紧紧围绕"努力让人民群众在每一个司法案件中感受到公平正义"的工作目标，高举新时代改革开放旗帜，进一步深化司法公开，不断拓展司法公开的广度和深度，健全完善司法公开制度机制体系，优化升级司法公开平台载体，大幅提升司法公开精细化、规范化、信息化水平，推进建设更加开放、动态、透明、便民的阳光司法机制，形成全面深化司法公开新格局，促进实现审判体系和审判能力现代化，大力弘扬社会主义核心价值观，增强全民法治意识，讲好中国法治故事，传播中国法治声音。

二、推行网络司法公开的具体举措

（一）利用互联网进行立案公开的主要举措

为了促进立案工作透明度的进一步提高，让人们能够真正发挥出监督权的作用，保证公民的知情权，我国在最新规定中对司法公开中的立案这一重要内容进行了重新规定。促进立案公开能够有效提高我国司法的公信力度，促进法院实现廉政建设，为此应该加强相关内容研究，从而采取有效措施，促进我国立案公开的顺利进行。

（1）设立网络立案、信访服务热线，设置电话导诉台，配备导诉人员，告知诉讼风险、查询案件信息、解答诉讼疑问、引导当事人合理选择诉讼外纠纷解决方式、进行信访接待答复等。利用网上立案这一方法，将法院立案人员、立案机构和具体的联系电话公开给社会公众，并公开法院立案工作的具体受案范围和工作职责。对于当事人身处外地的状况可以提供网上立案这一方法，对于当事人行动不便的状况可以给当事人提供预约登门立案的服务。

（2）通过宣传栏、公告牌、电子触摸屏或者法院网站等，公开各类案件的立案条件、立案流程、法律文书样式、诉讼费用标准、缓减免交诉讼费程序和条件、当事人权利义务等内容。

（3）建立案件信息网上查询系统，内容包括案件的案号、立案日期、案由、当事人姓名或名称、案件承办人和合议庭组成人员名单、案件流程等。人民法院应当及时将案件受理情况告知当事人。对于不予受理的，应当及时将不予受理裁定书、不予受理再审申请通知书、驳回再审申请裁定书、驳回申诉通知书等相关法律文书依法送达当事人，并说明理由，告知当事人有关诉讼权利。

（二）利用互联网进行庭审公开的主要举措

近年来，人民法院持续深化司法公开。庭审公开平台是继司法公开三大平台建设之后，由最高人民法院推进建设的又一个重要司法公开平台。各级人民法院公开开庭审理的案件庭审按照"以公开为主，不公开为例外"的原则在中国庭审公开网上公布，中国庭审公开平台上的公开庭审案件数量剧增。截至目前，全国各级人民法院通过中国庭审公开网公开庭审案件近350万件，案件平均浏览量达5000人次。其中，庭审直播较录播的数量占绝大多数，亦具有更强的及时性、完整性和典型性。

（1）互联网旁听。依照法律和司法解释规定应当公开审理的案件一律公开审理。公开开庭审理的案件允许当事人近亲属、媒体记者和公众旁听，不得为旁听庭审设置障碍。对影响重大、社会关注度较高的案件，应根据旁听人数尽量安排合适的审判场所。定期邀请人大代表、政协委员和社会组织代表旁听庭审。

（2）互联网直播。按照有关规定对庭审活动进行全程同步录音或者录像。审判法庭设立媒体席，并设立同步审视频室。每年选择一定数量案件按照有关规定进行庭审直播。

（3）推进审判流程公开平台建设。利用政务网站、12368电话语音系统、手机短信平台、电子公告屏和触摸屏等现代信息技术，为公众提供全方位、多元化、高效率的审判流程公开服务。通过审判流程公开平台，向公众公开信息；整合各类审判流程信息，方便当事人自案件受理之日起凭密码从审判流程公开平台获取信息；积极推进诉讼档案电子化工程，完善转化流程、传送机制和备份方式，充分发挥电子卷宗在提高效率、节约成本、便民利民方面的功能。积极创新庭审公开的方式，以视频、音频、图文、微博等方式适时公开庭审过程。人民法院的开庭公告、听证公告，至迟应当于开庭、听证3日前在审判流程公开平台公布。加强科技法庭建设，对庭审活动全程进行同步录音录像，做到"每庭必录"，并以数据形式集中存储、定期备份、长期保存。当事人申请查阅庭审音像记录的，人民法院可以提供查阅场所。

（三）利用互联网进行裁判文书公开的主要举措

按照最高人民法院的统一安排，2014年1月1日起，全国各级法院全面启动了裁判文书上网工作。裁判文书网上公开有利于案件当事人和社会公众对法院的审判工作有一个更加直接的了解，便于人民群众了解司法、参与司法、评判司法、监督司法，是让社会消除疑虑、认知司法，让司法取信于民最直接、最有效的措施，是有形的"连心桥"，是人民法院逐步走向司法自信的重要标志。

（1）在法院网站设立专门的裁判文书公开栏目。除不予上网公布的裁判文书以外，人民法院应当按照有关规定将审理各类案件公开宣告的裁判文书上网公布。建立中国裁判文书网，作为全国法院统一的裁判文书公开平台。地方各级人民法院在政务网站的醒目位置设置了中国裁判文书网的网址链接，并严格按照《关于人民法院在互联网公布裁判文书的规定》，在裁判文书生效后7日内将其传送至中国裁判文书网公布。人民法院可以通过政务微博，以提供链接或长微博等形式发布社会关注度高、具有法制教育、示范和指导意义的案件的裁判文书。

（2）提供便捷、有效的查询检索系统，方便公众按照关键词对裁判文书进行检索，确保裁判文书的有效获取。同时明确在互联网公布裁判文书应当以公开为原则，以不公开为例外，不得在法律和司法解释规定之外对这项工作设置任何障碍。各级人民法院对其上传至中国裁判文书网的裁判文书的质量负责。

（3）维护公民隐私权和个人信息安全，对不宜公开的个人信息进行技术处理。对于因网络传输故障或技术处理失误导致当事人信息被不当公开的，人民法院应当依照程序及时修改或者更换。

（四）利用互联网进行执行公开的主要举措

执行公开是确保司法公正的重要环节，是解决执行难、执行乱的重要途径之一，也是宪法和法律规定的审判公开原则的主要内容，是实现程序正义、"阳光司法"的重要保障。

（1）在法院网站公开执行案件的立案标准、收费标准、执行风险、执行规范、执行程序等信息。在执行案件信息查询系统中公开当事人情况、立案信息、被执行财产信息、执行过程中形成的法律文书、执行中止情况和理由、结案信息、执行异议信息以及变更、追加被执行人阶段的听证信息等。人民法院采取查封、扣押、冻结、划拨等重大措施后，应及时将有关情况告知双方当事人。公开选定评估、拍卖机构的条件、程序，向社会公布选定的具有相应资质的鉴定、评估、拍卖机构名单。案件执行过程中委托评估、拍卖的，向当事人和利害关系人公开评估、拍卖的过程和结果。

（2）人民法院通过网络等媒体公布不履行法律文书确定义务的被执行人的基本信息、财产状况、执行标的等信息。人民法院未按照规定的期限完成执行行为的，应当及时向申请执行人说明原因。发挥执行信息公开平台对失信被执行人的信用惩戒功能，方便公众根据被执行人的姓名或名称、身份证号或组织机构代码进行查询未结执行实施案件的被执行人信息、失信被执行人名单信息、限制出境被执行人名单信息、限制招投标被执行人名单信息、限制高消费被执行人名单信息等。

（3）建设执行信息公开平台。当事人可凭密码从执行信息公开平台获取执行立案信息，执行人员信息，执行程序变更信息，执行措施信息，执行财产处置信息，执行裁决信息，执行结案信息，执行款项分配信息，暂缓执行、中止执行、终结执行信息等。通过执行信息公开平台，向公众公开执行案件的立案标准、启动程序、执行收费标准和根据、执行费缓减免的条件和程序；执行风险提示；悬赏公告、拍卖公告等。

（五）关于利用互联网进行审务公开的主要举措

（1）在法院网站或者其他信息公开平台公布人民法院基本情况、工作流程、管理制度、审判业务部门审判职能、人员状况等基本情况。公开人民法院的重要审判工作会议、工作报告或者专项报告、重要活动部署、规范性文件、审判指导意见、重要研究成果、非涉密司法统计数据及分析报告等信息。

（2）进一步完善新闻发布制度，建立固定的与媒体及其主管部门的沟通联络机制，定期或不定期举行新闻发布会、通气会、座谈会或研讨会、公众开放日活动。

（3）进一步强化审判流程管理信息化建设。最高人民法院提出，审判管理工作要运用组织、领导、指导、评价、监督、制约等方法，对审判工作进行合理安排，对审判过程进行严格规范，对审判质效进行科学考评，对司法资源进行有效整合，确保司法公正、廉洁、高效。[1]结合最高人民法院关于审判管理工作的职能定位，笔者认为，审判管理涵盖审判流程管理、审判态势分析、案件质量评查、审判绩效考核、审判经验总结等多方面工作。其中既包括对审判权行使主体"人"的管理，也包括对审判对象载体"案件"的管理；既包括对审判环节的管理，也包括对立案、上诉、执行等环节的管理，是一个宏观的、多维的、立体的管理学概念。审判流程管理是开展审判管理工作的重要环节。审判流程管理是指对立案、分案、审判、上诉、执行、归档等全流程节点的管理。审判流程管理依托于科学的管理手段，以全面提升审判质效为目标。随着审判流程中海量数据的不断生成，审判管理前所未有地需要依托审判流程的高度信息化，审判流程管理信息化的需求应运而生。最高人民法院《人民法院第五个五年改革纲要（2019—2023）》明确提出："……推动将从立案到结案归档各个节点的工作要点、时限要求、流程标准、岗位指引和文书样式嵌入信息化办案平台，实现对已完成事项的全程留痕、待完成事项的提示催办、将到期事项的定时提醒、有瑕疵事项的实时预警、违规性事项的及时冻结等自动化、静默化辅助功能。"除此以外，在人民法

---

[1] 2011年最高人民法院《关于加强人民法院审判管理工作的若干意见》第2条。

院信息化建设的重要文件中，审判流程管理的信息化建设都是重要组成部分。特别是在智慧法院理念被提出后，审判管理信息化建设更是取得了丰硕的成果。

第三节 网络司法公开现状反思

网络司法公开开展以来，其所取得的成就有目共睹，但反思这几年网络司法公开的实践，总体上尚存在一些需要进一步面对的问题。

一、网络司法公开现阶段存在的问题

从总体上看，在网络司法公开推行的这十年中，司法公开规范化、制度化、信息化水平显著提升，审判流程公开、庭审活动公开、裁判文书公开、执行信息公开四大平台全面建成运行，开放、动态、透明、便民的阳光司法机制已经基本形成，在保障人民群众知情权、参与权、表达权和监督权，促进提升司法为民、公正司法能力以及弘扬法治精神等方面发挥了重要作用。但反思这几年网络司法公开的实践，总体上依然存在一些需要加以完善的地方。

（一）网络司法公开的价值功能尚未理顺

以公开促公正，是司法公开制度设计的动力来源。但是，现阶段的网络司法公开尽管从内容、途径和时效性上都取得了很大的发展。但在实践中却存在将司法公开混淆为司法宣传的趋势，甚至为迎合社会公众期盼、树立良好司法形象而片面追求公开，"为了公开而公开"。[1]这导致尽管大量的裁判文书上

---

[1] 杨炎辉："论司法公开的本质回归与供需平衡"，载《内蒙古大学学报（哲学社会科学版）》2015年第2期。

网，大量的案件审理在做庭审直播，但其价值侧重点却在于构建开放、透明、便民的阳光司法机制，侧重的是网络司法公开的工具价值。

笔者认为，导致上述问题的主要原因在于法院主导下的网络司法公开制度侧重于强调加强司法公信力。回顾我国司法公开的历史，中华人民共和国成立后，1954年《宪法》第76条直接明确了公开审判的原则："人民法院审理案件，除法律规定的特别情况外，一律公开进行。……"随后，司法公开就一直由最高人民法院推动，民众对于司法公开的需求尚未明确显现。然而，由于缺乏针对司法权运行状况的有效监督制约机制，司法公信力问题愈加明显，尤其是2013年多起冤假错案的纠正极大地刺激了民众对司法公开的渴求。[1]

最高人民法院在内部自发探索与外部政策回应的双重推动下，不断扩大司法公开改革的力度、广度和深度，由落实公开审判原则的提出到逐步明确要在司法公开工作机制、审判流程信息、庭审活动、裁判文书和执行信息等多方面健全阳光司法制度体系。例如，最高人民法院出台的《关于司法公开的六项规定》将司法公开的目的阐述为"保障人民群众对人民法院工作的知情权、参与权、表达权和监督权，维护当事人的合法权益，提升司法民主水平，规范司法行为，促进司法公正"。《人民法院第四个五年改革纲要（2014—2018）》明确提出将构建开放、动态、透明、便民的阳光司法作为深化全国人民法院改革的主要任务之一。因此，在顶层设计上，网络司法公开的主要价值在于保障公众对司法的监督权，树立司法权威等。此时也就不难理解为何部分法院会存在司法宣传与司法公开混同异

---

[1] 谭世贵、谢澎："论司法信息公开的多元化价值及其实现"，载《杭州师范大学学报（社会科学版）》2014年第5期。

化，以及法院主导下的司法公开之路呈现出重工具价值而轻程序本位价值的倾向了。

（二）网络司法公开与隐私权保护的冲突尚未解决

隐私权作为保障私人生活不受他人打扰的基本权利，具有重要的价值。从个人角度而言，正是基于隐私权，人们才有权独立自主地作出决定，并经由这种独立决定增强个人幸福感和安全感；从社会角度而言，隐私权的个人特点构成了社会的多样性。人们在隐私权的庇护之下可以不受他人影响，决定自己的行为举止，独立发展个性，且不受他人影响和干扰，从而实现了社会的多元性，确保社会和个人可以健康发展。

然而，审判流程公开、庭审视频直播、裁判文书公开等作为司法公开的重要手段，主要价值目标之一就是维护公民知情权、保障公民监督权。显然，其所追求的实现公众知情权、监督权等价值功能先天就与隐私权存在冲突。因此，网络司法公开在帮助公众便利地获取相关司法信息的同时，必然也需面临相关信息被滥用的风险。早在 2003 年美国就出现了犯罪人在美国裁判文书网集合当事人的个人信息，违法利用被害者的姓名和个人信息开立银行账户的问题。在我国，由网络庭审公开、裁判文书上网以及执行信息公开引发的侵犯公民名誉权、隐私权的案例也在日益增多。可见，平衡公众知情权与公民个人隐私权已然成了各个国家网上司法公开的一项艰难挑战。

（三）网络司法公开与考核机制关系尚不明晰

网络司法公开要想获得良好效果，有必要将其与法官考核联系起来，但应如何考核却需要理性面对。以庭审直播为例，网络庭审直播全面推开的时间不长，尚未建立统一的直播操作规范和考评机制。人民法院的关注焦点集中于直播案件数量和舆情监测控制。网络上对于庭审直播的反馈较少，在舆情压力较小的情况下，人民法院缺乏"回头看"查找问题的主动性。在案件量"井喷"的审判压力面前，法官"疲于奔命"，为完成庭审直播指标而直播，对于直播效果无暇关注，从而出现了诸多庭审直播不规范的现象。因此，我们需要重新定位和评价网络司法公开与考核机制。

（四）网络信息平台运行机制不够完善

缺乏统筹协调运行机制首先体现的是四大平台未能实现信息共享。最高人民法院主导建立的包括庭审公开平台在内的司法公开四大平台已经全部运行并逐步得到完善。但是，四大平台之间仍处于各自为政的状态，未能实现信息对接共享，导致关联案件的审判流程信息、庭审、文书及执行情况需分别查找。

另外一个问题是网络平台精细化管理程度低。例如，就网络庭审平台而言，系统内尚未设置影响审判效率的微观节点和软性节点。常见指标如初次送达平均时长、初次开庭时间、平均扣审时长，扣审占比、延审占比、平均审理时长等，均未设置数据采集。另外，该数据分析平台也未针对审判流程中合议、提请法官会议讨论、审委会讨论的情况设置专题分析，上述流程中的工作内容仍需线下完成，不能被纳入数据采集范围，难以全面辅助管理决策。

最后一个问题是现有平台尚存在网络带宽不足现象。由于数据服务系统能够生成海量数据，数据的存储、调用、计算和展示等均对网络带宽提出了较高要求。但是数据平台分析系统在日常使用时（尤其是在月末等统计高峰时段）经常出现网页跳转速度慢、页面卡顿等现象；另一方面是网际之间信息传递无法全面实现。例如，内网数据分析平台与外网诉讼服务平台尚未实现对接，导致外网生成数据无法被纳入审判流程数据，难以实现统筹管理和运用。

二、完善网络司法公开的具体建议

（一）进一步理顺对网络司法公开的价值认知

前文已述，现阶段存在对网络司法公开的价值功能认识存在偏差的现象。这是由于网络司法公开发展之初，过于强调网络司法公开的司法透明、公众知情权等价值维度，而忽略了司法公开最基础的程序价值。但是，正如有学者所指出的那样："从我国目前深化司法公开的情况看，深化司法公开更应强调当事人的庭审请求权。"[1]众所周知，传统司法公开模式将司法公开视为一项基本司法原则，主要表现为司法机关在审判司法案件过程中，为保障当事人听审权，应遵守有关司法公开的相关规定，以体现司法活动的正当性，进而保障程序正义的实现。因此，传统司法公开主要是作为保障公民公正听审权的一个环节而存在，其影响和意义更多地局限于参与诉讼的当事人。而互联网司法公开模式则通过增强公开的广度和深度，使得司法公开的价值维度也有所增加，即在保障当事人公正听审权这一程序价值之外，更强调了通过积极推进司法公开，保障公民知情权、监督权，从而通过司法公开提高司法工作水平、司法人员素质、司法公信权威。[2]但是，网络司法公开价值功能的扩大并不意味着其程序价值不重要，更不能本末倒置，忽略其对于保障当事人听审权的程序价值。而如果将这一程序价值忽略，实则已经背离了司法公开的本意。

既然网络庭审公开的重要价值之一就是保障程序公正，那么让当事人能够充分辩论，限制法官恣意，凸显程序正义，最

---

[1] 刘敏："论司法公开的深化"，载《政法论丛》2015年第6期。

[2] 范明志："网络司法公开：'互联网＋司法'改革的起跑线"，载《人民论坛》2018年第11期。

终从程序和实体方面保障当事人的公正听审权就是网络司法公开首先应追求的价值目标。而公正听审权内在包含的对当事人辩论权、处分权、隐私权的保障也应成为网络司法公开首先要重点回应的内容。为此，我们只有理顺法院和法官对网络司法公开的价值认识，强调其对网络司法公开程序价值的把握，才能基于此更好地判断司法实践中司法公开的具体范围和程度。

（二）确立网络司法公开与隐私权保护的平衡

如前所述，如何协调网上司法公开与隐私权保护的关系是我们不得不面临的价值判断难题。笔者认为，这两种权利的行使均体现正当性与合理性，二者之间本不存在优劣、主次之分。然而，在实践中，相较于强有力的公权，作为私权的"个人信息"往往处于弱势地位，忽略当事人隐私信息处理的文书比比皆是。因此，应设计个人隐私权保护的基本底线，以便法院在处理个案时予以遵循。笔者认为，以下三个原则是必要的。

第一，坚持适当性原则。行政法领域的适当性是指公权力机关在执行职务时，面对多种选择，只能选择能够达到所追求的目的的方法。适当性分析关注的是手段合乎目的，即采取庭审视频直播要有助于实现司法公开，进而促进司法公正。笔者认为，此时应当关注的是对不同案件进行视频直播达到的司法公开、司法公正效果会因社会关注度的不同产生较大的差异。法院可以有针对性地选择进行庭审视频直播的案件，但对于公众关注度较高、社会影响较大的公开审理的案件则更应当关注个人信息保护问题，避免给当事人的生活带来不便。

第二，坚持必要性原则。必要性是指当存在多种手段可以实现目的时，应当选择对公民权利或利益限制、损害最小的方式。因此，该原则又被称为"最小损害原则"。具体到网络司法公开与个人信息保护的讨论中，可以表述为司法公开的出现的个人信息必须被控制在司法公开的必要限度内，对那些不会影响司法公开、司法公正的个人信息，可以通过技术手段或者法官有意识的技术处理，不进行公开，即将当事人为实现司法公开而让渡的个人信息权益控制在最小的限度内。

第三，坚持均衡性原则。均衡性关注的是公权力措施所欲达到的公共利益相较于所侵害的私益是否相称，即网络司法公开所增进的公共利益与其所造成的当事人个人信息权的损害成比例。[1]这就需要法官对公开的内容和范围作出判断，并按照相应的程序提请审批。例如，在庭审直播中，如果当事人因为案件涉及不宜公开的个人信息而提出不进行庭审视频直播的申请，法官或者合议庭可以运用均衡性原则，考量具体案件中庭审视频直播所实现的司法公开效果与个人信息保护的私益要求的比重。

（三）完善信息平台载体

如前所示，基于信息平台基础设施、信息量大等诸多原因，平台管理、速度等问题依然比较突出。例如，在中国庭审公开网上，登录者可以通过案件名称、案号、案由、法院名称等信息对庭审直播案件进行筛选。但是，在笔者进行搜索的时候却遭遇了网站反应缓慢，需要长时间加载等情况，加载时间最长可达 5 分钟。而对于庭审网络公开平台而言，由于审判工作本身及其所承载的审判流程信息、案件审理程序等内容具有较强的专业性，普通民众获取相关审判信息较为困难。

对此，笔者认为，完善和加强信息平台载体建设依然具有必要性。就以庭审直播平台为例，加大庭审直播案件信息的易得性及有效性，让社会大众可以毫不费力地从中国庭审公开网

---

[1]　梁桂平："裁判文书司法公开中的个人信息保护隐忧及排解"，载《甘肃社会科学》2016 年第 3 期。

获得目标信息是完善信息平台建设的重要目标。而从现实情况来看：一是要改变当前庭审直播过程中存在的影响视听效果的问题，需要以技术手段为抓手，通过技术投入和支持，改善庭审直播的硬件设施，为大众提供清晰、流畅、多视角的庭审过程，改进使用体验；二是要优化庭审公开平台栏目和信息设置，增加更多条件设置供大众选择，提高信息检索的针对性和便捷性；三是创新平台载体，贴近人们的需要。可开发移动平台"中国庭审公开网 APP"适应人民移动式应用的生活需要，可以提供唾手可得的信息途径，便于观看和收藏相关案件。

（四）科学定位网络司法公开与考核机制的关系

笔者认为，对于网络司法公开与考核机制的关系，注重从内容而非单纯从数量上对法官进行考核可能是较为科学的做法。而注重从内容上考核则需要制定一个有关内容的考核标准。就如庭审直播，只要法官完成了基本的庭审直播数量指标，即可认定其已满足了这个考核项目的要求，同时应将重点放在所直播案件的质量要求上。也即这些直播的案件是否具有典型性、社会效果是否良好。为此，法院应对鼓励直播的案件作出明确指引。这些指引可具体包括以下内容：

第一，建立统一的规范要求，扩大庭审直播大要案范围，完备案件筛选条件。典型性案件引起的社会关注度较高，其庭审过程更是引人注目，对典型案件审理情况的传播对于引导公众的法律认知、树立司法形象具有立竿见影的效果。针对公众对大要案有强烈的求知欲和好奇心，但对法院自行选择直播的常规类型案件并不关注的现实，可适当增加大要案的庭审直播数量，尽可能弥合公众强烈的参与欲望与庭审直播形式化的冲突。

第二，在筛选出的案件中应注重挖掘直播案件与百姓生活的连接点，将二者进行关联。每个人的日常生活均与法律息息相关，普通大众在日常工作生活中也会遇到各种各样的法律困惑。可通过细化检索案由或者提供关键词搜索等途径满足人们对于案件信息快速获得的需要。关键词搜索能最大限度地适用于不同的人群，也便于检索出类型化案件。同时，这也使得进入庭审直播的案件能够获得较高的关注度，从而更好地达到网络庭审公开的效果。

第三章 CHAPTER 03

互联网环境下的庭审公开

庭审活动是整个案件审理的核心过程，庭审公开亦是司法公开的一项核心内容，随着司法公开的推进，以及相关技术的快速发展，庭审公开也不断得以进步。2016 年 12 月，中国庭审公开网开通，其标志着司法公开又向前迈出了一大步，同时也表明庭审直播已经成为司法公开的主要形式。

第一节　庭审直播的发展历程

广义的庭审直播是指法院通过电视、互联网或者其他公共传媒对公开开庭审理案件的过程进行图文、音频、视频的同步记录和实时播放，包括直播和录播两种形式。[1]从我国庭审公开的方式发展来看，我国经历了从电视庭审直播到网络庭审直播的模式。

长期以来，为防止司法专横、法官擅断，保障当事人的合法权益，庭审公开成了现代司法重要的诉讼制度。[2]在传统的

---

〔1〕 左卫民："反思庭审直播——以司法公开为视角"，载《政治与法律》2020年第 9 期。

〔2〕 何家弘、王燃："法院庭审直播的实证研究"，载《法律科学（西北政法大学学报）》2015 年第 3 期。

诉讼制度中，法院对庭审直播持较为谨慎和保守的态度，1993年12月1日发布的《人民法院法庭规则》第10条明确规定："新闻记者旁听应遵守本规则。未经审判长或者独任审判员许可，不得在庭审过程中录音、录像和摄影。"此时我国虽然允许对庭审进行录音录像，但是要求必须获得审判长或者独任审判员许可，且当时并未出现向公众公开的庭审视频，此时的庭审公开多限于公众旁听。

之后，随着信息技术的发展，信息传递方式愈加快速，在受限于案件、信息获取、旁听席位等原因无法有效获取案件审理信息的情况下，群众希望通过新闻媒体有效提高自己的法律知识和法律意识，监督法律庭审。这些需求促使法院对传统保守的庭审公开方式进行改革，庭审直播由此出现。庭审直播使民众可以更好地了解法庭审理程序，参与法庭庭审。

早期受限于传播媒介，我国的庭审直播主要是通过广播信号和电视播放的方式来对庭审现状予以公开的。

1994年，南京市中级人民法院开庭审理了一起故意杀人案，南京电视台的《法庭传真》栏目对这一案件进行了全程转播。这是我国第一次通过电视对庭审过程进行转播，也可以说是我国首次电视庭审直播。

1996年，广州市中级人民法院和电视台合作直播了"番禺'12·22'特大劫钞案"庭审活动。同时，电视台开始对案发地展开回访，并事先采访了即将受审的5名犯罪嫌疑人。这次电视直播也拉开了我国庭审直播的序幕。[1]

1998年4月15日，最高人民法院时任院长肖扬在全国法院教育整顿工作座谈会上提出，法院要自觉接受舆论监督。公开

[1]　"司法公开路径：庭审直播的微博时代"，载正义网：http://yq.jcrb.com/cmkb/201308/t20130823_1187601_1.html，最后访问日期：2013年8月2日。

审理案件除允许公民自由参加旁听外，也要允许新闻机构以对法律自负其责的态度如实报道，并在必要时允许电视和广播对审判活动进行现场直播。实行现场直播，能提升透明度，使审判活动处于公众和新闻媒体的直接监督之下，有利于审判人员依法办事和廉洁自律。在此次会议上，最高人民法院明确表示了对庭审直播的肯定态度。

1998 年 7 月 11 日，北京市第一中级人民法院公开开庭审理"十大电影制片厂诉北京天都电影版权代理中心、天津泰达音像发行中心、中影音像出版社侵犯著作权案"，在这一案件的审理过程中，中央电视台对庭审全程进行了现场直播，这是我国历史上第一次通过电视向全国观众现场直播法院庭审过程。[1]此次"破冰之旅"，拉开了我国庭审直播的序幕，法院对庭审直播态度从禁止走向逐渐开放。[2]

至此，我国庭审电视直播正式开启，并由此衍生出了两类电视节目：第一类是对社会影响较大的案件进行庭审直播，这种直播方式通常的做法是由电视台与法院联合制作庭审直播特别节目，或是在电视台播送新闻报道时将镜头直接切入正在进行的庭审现场，以新闻的方式将庭审现场部分直播出来。[3]例如 1999 年 3 月中央电视台对重庆法院审理的"綦江虹桥垮塌案"进行了庭审直播；2001 年 4 月，中央电视台和中央人民广播电台对重庆和湖南常德法院两地同时审理的"张某、李某军特大系列持枪杀

---

〔1〕 马来客："我所亲历的我国首次庭审直播"，载中国法院网：https://www.chinacourt.org/article/detail/2019/01/id/3640646.shtml，最后访问日期：2019 年 1 月 3 日。

〔2〕 刘友华、朱蕾："大数据时代庭审网络直播的安全风险及其防范"，载《法学杂志》2020 年第 12 期。

〔3〕 申唯佳："我国庭审网络直播中存在的问题及其完善"，中国政法大学 2015 年硕士学位论文。

人抢劫案"进行了庭审直播。[1]第二类是电视台与法院合作的法庭纪实类节目，例如中央电视台的《庭审现场》、北京电视台的《庭审纪实》等。这种节目是在播放庭审现场的同时插播主持人串联和专家同步介绍，及时普及法律知识，解读审判程序，使节目更加通俗易懂。[2]

与此同时，针对电视庭审直播的规定也在进一步细化。1999年3月8日最高人民法院发布了《关于严格执行公开审判制度的若干规定》。该规定第11条规定"依法公开审理案件，经人民法院许可，新闻记者可以记录、录音、录相、摄影、转播庭审实况"，从制度层面对媒体转播庭审进行了规定。之后，最高人民法院相继发布《关于进一步加强刑事审判工作的决定》《关于充分发挥行政审判职能作用为保障和改善民生提供有力司法保障的通知》《人民法院第三个五年改革纲要（2009—2013）》等制度文件，强调要重视并规范庭审直播和转播。2009年12月8日，最高人民法院发布《关于司法公开的六项规定》，在庭审公开的内容中着重强调除了传统的旁听和报道方式外，审判场所等客观因素所限，人民法院可以发放旁听证或者通过庭审视频、直播录播等方式满足公众和媒体了解庭审实况的需要。同一时间，最高人民法院还发布了《关于人民法院接受新闻媒体舆论监督的若干规定》，对媒体转播、直播等进行了规定。2010年11月21日，最高人民法院发布了《关于人民法院直播录播庭审活动的规定》，对人民法院庭审的直播和录播案件类型、审核、技术处理等进行了规定。

---

[1] 唐亚南："公正之路报道五庭审直播：让公众感受司法公正"，载中国法院网：https：//www.chinacourt.org/article/detail/2008/01/id/284733.shtml，最后访问日期：2008年1月28日。

[2] 申唯佳："我国庭审网络直播中存在的问题及其完善"，中国政法大学2015年硕士学位论文。

第二节　网络庭审直播现状考察

一、庭审图文直播

电视直播固然能够发挥庭审公开的价值，但是其耗时耗力，需要确保电源供应、音响效果、安全保卫、后勤保障等诸多事宜。部分学者对此也提出了质疑之声，认为电视庭审直播会干扰法庭审判，对法官的监督作用也有限。[1]2003年，随着互联网技术的发展，传播技术的革新催生了新媒体发展，其传播范围广、传输速度快、自由度高等特点有效弥补了传统媒体资源有限、地域约束、信息滞后的不足，[2]庭审直播的载体由电视转向互联网，而庭审直播的主体也由媒体转变为法院。

2003年5月14日，中国法院网的"现在开庭"频道直播了浙江省丽水市莲都区人民法院的一个变更抚养关系案件，这次庭审直播采用的是"文字+图片"方式，由法院的书记员在录入庭审记录的过程中将文字直接传输上网，并用数码相机将现场图片也直接传输到中国法院网的数据库，以使得法官和当事人所说的每一句话都能够同步出现在网上，从法官和当事人入场到法官敲响法槌等细节均清晰而迅速地出现在网上。这次庭审直播大约有数百名网络观众观看，在庭审直播完毕之后，网友们在中国法院网的法治论坛发表了自己对案件的分析和看法。[3]这

---

〔1〕 姚广宜："对网络微博庭审直播现状的实证分析"，载《中国政法大学学报》2016年第4期。

〔2〕 蒋惠岭、杨奕："司法公开与新媒体关系的多元比较"，载《人民司法》2014年第19期。

〔3〕 毛昕昕、王燕芬："中国法院网进行全国首次网络开庭直播"，载中国法院网：https://www.chinacourt.org/article/detail/2003/05/id/57581.shtml，最后访问日期：2003年5月5日。

是国内首次进行互联网庭审直播，但是其与之后的发展的视频直播不同，与微博直播的形式则更为类似。

之后，中国法院网开始成为网络庭审直播的主要平台，其范围包括民事、刑事、行政三类案件。案件直播分为两大类型：第一类采用"图片+文字"的方式，对庭审过程进行全程同步直播；第二类是就有影响力的重大案件邀请嘉宾进行实时评析或者就案件引出的相关法律问题进行及时讲解。所邀请的嘉宾一般来自于各个法院的院长、庭长、审判长、法官及其他司法系统的工作人员。[1]在中国法院网，地方法院的直播平台可以与中国法院网进行互联，进而打破法院的层级限制和行政区域划分，使公众更加便利地获取庭审直播信息，参与案件听审。

二、庭审视频直播

庭审网络视频直播的发展相较图文直播模式较为缓慢，2007年4月的浙江省两会上，浙江省高级人民法院时任院长应勇明确表示："年内省高院的部分庭审将开通网上直播，任何一个普通市民都可以到网络上看到案件的审判过程。"[2]同年4月，浙江省高级人民法院对一起海上货运代理合同欠款纠纷上诉案进行了网络视频直播，这是国内首次网络视频直播庭审，在庭审期间有5000多人登录网站观看实况直播，并引来18万次的点击量，网友也认为网络视频直播庭审对提高法院工作透明

---

〔1〕　申唯佳："我国庭审网络直播中存在的问题及其完善"，中国政法大学2015年硕士学位论文。

〔2〕　李敏："浙江省高院兑现诺言12日实现庭审网上直播"，载浙江新闻网：https://zjnews.zjol.com.cn/05zjnews/system/2007/04/11/008328781.shtml，最后访问日期：2007年4月11日。

度、加强法院与公众的沟通和普法教育很有意义。[1]

2008年，上海法院首次庭审网络直播，4月7日上海市第二中级人民法院对"（英国）雷茨'RITZ'饭店有限公司与上海黄浦丽池休闲健身有限公司商标侵权纠纷案"进行庭审视频直播，庭审实况通过中国法院网和人民网进行了网络图文即时传输与视频直播。[2]4月9日，上海市第一中级人民法院通过上海法院网和东方新闻网对"（美国）罗斯蒙特公司诉上海罗斯蒙特仪表股份有限公司侵犯商标专用权案"进行庭审视频直播。[3]但此时，庭审视频直播的案件多围绕社会关注度高、具有法制教育意义的案件。

2009年5月5日，北京法院系统首次在北京法院网对一起盗窃案进行庭审视频直播，北京市高级人民法院与法治中国传媒合作，共同开发推出了北京法院庭审视频直播节目，不定期地对北京市各级法院正在开庭审理的案件进行视频直播。同年9月16日，北京市更是开通了国内首家以视频庭审直播为主要内容的直播网站——北京法院直播网。各高级、中级和基层人民法院都可以在该平台上直播案件，公众也可以在该网站上查询直播预告、观看庭审直播并对往期的庭审直播视频进行查询，[4]尝试将网络视频直播发展为区域内常态化的庭审直播方式。之后，广东、辽宁、安徽、云南、湖北、河南、山东等地

---

〔1〕 顾瑾、刘克勤："浙江开国内网上视频直播庭审先河引各方关注"，载上方网：http://www.sfw.cn/xinwen/92869.html，最后访问日期：2020年10月8日。

〔2〕 上海法院尝试庭审网络直播今后还将选择关注度较高有法制教育意义的案件直播。

〔3〕 上海法院尝试庭审网络直播今后还将选择关注度较高有法制教育意义的案件直播。

〔4〕 姚广宜："对网络微博庭审直播现状的实证分析"，载《中国政法大学学报》2016年第4期。

方各省市法院纷纷效仿,视频庭审直播也得以进一步扩大并发展。

2010 年,河南省高级人民法院时任院长张立勇在全省人大会议上作出了要实施庭审网络视频直播的承诺,并将其列为省高院 2010 年所要办理的十件实事之一。之后,河南省法院庭审网络视频直播工作会议提出了网络视频直播工作任务,要求当年年底前全省三级法院庭审网络视频直播案件不少于 1000 件,并对直播案件类型进行了规定,要求对有利于对公民进行社会主义法制宣传教育的案件、广大人民群众关注的案件、在当地有重大影响的案件进行视频直播;对依法不公开的案件,公诉机关认为不宜进行直播的案件,当事人、证人有正当理由认为不宜直播的案件,直播会产生不良社会效果的案件不进行直播。为了推进网络庭审视频直播的改革,河南省高级人民法院要求各级法院领导要把庭审网络视频直播列入党组的议事日程,做到院长亲自抓、常务副院长具体抓。各级法院的领导要亲自搞好协调,明确分工和工作目标,责任到人,做到既有分工又有合作,保质、保量如期完成庭审网络视频直播的工作任务。[1] 到 2010 年 11 月,河南全省法院庭审网络视频直播案件超过 1000 件,提前完成了庭审视频直播任务。

整体来看,网络庭审视频直播的发展模式有两种:第一类是地方高级人民法院与当地媒体合作,进行网络视频直播。例如,北京市高级人民法院与法治中国传媒合作,上海市高级人民法院与上海新闻网、新民网等媒体合作等。第二类则是区域内法院进行庭审直播改革,进而推动庭审视频直播的发展,例

---

〔1〕 陈海发、冀天福:"河南全力推行庭审网络视频直播",载中国法院网:https://www.chinacourt.org/article/detail/2010/09/id/427023.shtml,最后访问日期:2010 年 9 月 4 日。

如河南省庭审视频直播改革。

最高人民法院于 2016 年 4 月 13 日发布的新修订的《人民法院法庭规则》对庭审直播或者录播进行了明确。该规则第 11 条规定，对于公众关注度较高、社会影响较大、法治宣传教育意义较强的案件，人民法院可以通过电视、互联网或其他公共媒体进行图文、音频、视频直播或录播。同年，中国庭审公开网正式开通，并陆续接入全国各级法院的数字信号，目前已全面实现了庭审视频直播。

三、微博直播

微博庭审直播是利用微博这一社交媒体平台，通过图片+文字+视频的方式进行庭审直播。

利用社交媒体进行直播最早开始于 2009 年 5 月的美国，当时美国地方法院法官托马斯·马丁给记者西尔维斯特发出了在审理过程中直接发布 Twitter 的许可令，标志着记者在法庭上使用微博正式获得了地方法院法官的认可。

我国微博庭审直播起步较晚，2011 年 3 月，莱阳市人民法院的官方微博账号"公正莱阳"首次通过新浪微博对一起买卖合同纠纷案的庭审进行了网络直播，历时 1 小时 20 分钟，之后一年半的时间内，"公正莱阳"先后直播过各类案件 20 多起，其中以交通事故和信用社贷款案件为重点。[1]

2011 年 6 月，东莞市第一人民法院审理了韩某群溺毙双胞胎脑瘫儿案件，当时东莞市第一人民法院通过官方微博对案件同步进行了图文直播，约 10 万网友在线观看庭审，并对案件进

---

［1］ "莱阳法院通过微博将案件审理过程与市民交流"，载鲁网·烟台：http://yantai.sdnews.com.cn/ytxw/201208/t20120830_859518.htm，最后访问日期：2012 年 8 月 30 日。

行评论。[1]

之后各法院官方微博先后通过微博直播了南京"饿死女童案""北京大兴摔童案""王书金强奸杀人案"等社会热点案件。2013 年 11 月，最高人民法院发布的《关于推进司法公开三大平台建设的若干意见》强调："人民法院应当积极创新庭审公开的方式，以视频、音频、图文、微博等方式适时公开庭审过程。"随后，微博庭审直播在各地法院"开花结果"并逐步走向规范。[2]

微博庭审直播对于推动用微博公开政务信息具有积极作用，但是目前依然存在较大的争议，尤其是对于直播主体。

四、其他网络直播模式

目前，微信已经成为我国最大用户群体的移动即时通讯软件，截至 2020 年 11 月，腾讯微信及 WeChat 月活跃用户达 12.1 亿。[3]不少法院利用微信传播的广泛性开发微信庭审直播新技术，借助微信公众号平台实现通过微信进行庭审直播。例如，2016 年，合肥市蜀山区人民法院第二法庭通过微信公众号向公众全程视频直播了一起盗窃案。[4]2019 年 8 月，宝鸡市陈仓区人民法院在自己的网站上开通了官方微信平台，并与陕西法院网、中国法院网等许多网站联网，公开法院审理庭审的

---

〔1〕 "东莞母亲溺毙双胞胎脑瘫儿受审检方建议轻判"，载腾讯网：https://news. qq. com/a/20110603/000062. htm，最后访问日期：2011 年 6 月 3 日。

〔2〕 姚广宜："对网络微博庭审直播现状的实证分析"，载《中国政法大学学报》2016 年第 4 期。

〔3〕 "2020 腾讯三季度财报公布新数据微信用户数量"，载成功财经网：http://www. xy 178. com/news/94523. html，最后访问日期：2020 年 10 月 8 日。

〔4〕 "蜀山法院首尝微信庭审视频直播"，载凤凰网：https://news. ifeng. com/c/7fcr2sy lEbn，最后访问日期：2020 年 10 月 8 日。

过程，通过官方微信的形式向全社会进行庭审直播，直播形式包括文字、语音、图片等。[1]但是，由于微信庭审直播的前提在于关注法院的官方公众号，或者添加官方账号才能查看其"朋友圈"状态。因此微信庭审直播必须在前期花费大量的宣传精力，这也导致了微信庭审直播难以成为我国当前庭审直播的主流模式。

除了微信庭审直播之外，部分法院还开发了手机 APP 进行庭审直播。2015 年，广州市上线了广州审务通，公众可以通过智能手机、iPad 等免费下载安装软件，便捷实现网上立案、电子文书送达、接受开庭和宣判信息通知、观看庭审直播等诉讼事项。[2]深圳前海合作区人民法院于 2018 年上线了"前海法院"APP，该软件通过深度关联办案系统案件数据，自动匹配案件关键信息，智能筛选、排除依法不予公开审理的案件，对于所有符合法律规定可以公开庭审的案件，全部实现庭审全过程实时直播，并且支持庭审全过程点播回放，软件用户可以查看庭审直播预告，进入庭审直播，并对已直播案件进行点播回放，更加快捷地获取庭审直播的相关信息和网上实时庭审观看。[3]但是，由于这一操作程序复杂且相关软件使用多仅限于特定区域的法院庭审直播，因此目前也受到了限制，使用的法院较少。

---

〔1〕 王保存："宝鸡陈仓区庭审案件微信直播网友纷纷'点赞'"，载华商网：http://news.hsw.cn/system/2014/1117/179938.shtml，最后访问日期：2014 年 11 月 17 日。

〔2〕 "下载广州审务通手机看庭审直播"，载新浪网：http://news.sina.com.cn/o/2015-03-04/053931564798.shtml，最后访问日期：2015 年 3 月 4 日。

〔3〕 "法院开庭直播！你可以随时随地用手机看庭审直播啦"，载南方⁺客户端：http://static.nfapp.southcn.com/content/201809/10/c1475193.html，最后访问日期：2018 年 9 月 10 日。

第三节　网络庭审直播的立法和实践考察

随着互联网技术的发展，网络庭审直播已经成为网络庭审公开的主要形式，并呈常态化趋势。

一、立法考察

2014 年 10 月 23 日，党的十八届四中全会通过的《中共中央关于全面推进依法治国若干重大问题的决定》提出："完善司法管理体制和司法权力运行机制，规范司法行为，加强对司法活动的监督，努力让人民群众在每一个司法案件中感受到公平正义。"该决定奠定了庭审网络直播不断拓宽、拓深的基调。[1]

目前，庭审网络直播的主要规定见于《关于人民法院直播录播庭审活动的规定》（以下简称《直播录播庭审活动规定》）和《司法责任制实施意见（试行）》。

根据《直播录播庭审活动规定》，无论是人民法院的庭审网络直播还是其他媒体的庭审网络直播，均应当遵循依法、真实、规范的原则。

对于庭审网络直播的案件范围，《直播录播庭审活动规定》并未强制要求全部案件直播，仅强调可以选择公众关注度较高、社会影响较大、具有法制宣传教育意义的公开审理的案件进行直播，并规定对于涉及国家秘密、商业秘密、个人隐私、未成年人犯罪等依法不公开审理的案件，检察机关明确提出不进行庭审直播并有正当理由的刑事案件，当事人明确提出不进行庭

---

〔1〕　刘友华、朱蕾："大数据时代庭审网络直播的安全风险及其防范"，载《法学杂志》2020 年第 12 期。

审直播并有正当理由的民事、行政案件以及其他不宜庭审直播的案件不能进行庭审网络直播。

出于对个人隐私考虑，对于庭审网络直播案件涉及未成年人、被害人或者证人保护等问题，以及其他不宜公开的内容的，应当进行相应的技术处理。

在庭审网络直播的程序方面，在开庭前，法官助理或书记员应当在开庭通知书、传票中告知检察机关和全体诉讼参与人庭审直播的注意事项。对于检察机关或当事人书面申请不进行网络直播，经审查确有正当理由的，承办法官应当在办案平台填写《庭审不进行网络直播审批表》，层报主管院领导审批。庭审直播预告发布后，如果出现延期审理、撤诉、调解等特殊情况，承办法官应当在办案平台填写《取消庭审网络直播审批表》，层报主管院领导审批。如果在庭审过程中出现不宜直播的情况，审判长有权指令书记员中断或终止直播，中断直播事由消除后，审判长应当指令书记员恢复直播。中断、恢复、终止直播的情况应当被记入庭审笔录。

整体而言，对于庭审直播的规定较少，且内容较为粗略，对于庭审直播的案件范围、庭审直播的技术处理以及庭审直播的主体、保障等均未予以明确规定。

二、实践考察

目前，实践中的庭审网络公开模式主要包括庭审视频直播和庭审微博直播两种模式。

（一）庭审视频直播

庭审视频直播目前已经成为网络庭审公开的主要方式，中国庭审公开网是继裁判文书公开、审判流程公开、执行信息公开三大平台之后，人民法院建设的第四大司法公开平台。[1]根据《人民法院庭审公开第三方评估报告（2019）》，截至 2018 年 2 月 11 日，全国 3517 家法院已全部接入中国庭审公开网，庭审直播工作基本实现常态化。[2]截至 2021 年 6 月 12 日，中国庭审公开网已经覆盖四级法院，累积直播 12 808 761 件案件（具体情况见表 3-1）。

表 3-1　全国庭审公开网数据统计表

地区	法院数量	已接入法院数量	直播案件累积数量
最高人民法院	1	1	6388
北京	24	24	514 740
天津	23	23	68 182
河北	190	190	497 213
山西	133	133	367 472
内蒙古	123	123	121 821
辽宁	128	128	673 288
吉林	93	93	314 072
黑龙江	166	166	150 343
上海	25	25	66 001
江苏	126	126	2 087 857
浙江	108	108	919 757
安徽	126	126	738 880

---

〔1〕　支振锋、叶子豪："人民法院庭审公开第三方评估报告（2019）"，载《法律适用》2019 年第 23 期。

〔2〕　支振锋、叶子豪："人民法院庭审公开第三方评估报告（2019）"，载《法律适用》2019 年第 23 期。

地区	法院数量	已接入法院数量	直播案件累积数量
福建	96	96	329 895
江西	118	118	185 102
山东	174	174	550 670
河南	185	185	629 343
湖北	128	128	155 101
湖南	143	143	609 229
广东	159	159	947 283
广西	130	130	322 276
海南	31	31	75 883
重庆	47	47	75 883
四川	213	213	569 183
贵州	99	99	805 339
云南	149	149	481 283
西藏	82	82	17 171
陕西	121	121	17 171
甘肃	113	113	267 089
青海	55	55	91 920
宁夏	29	29	75 776
新疆	115	115	73 534
新疆兵团	51	51	3616
总计	3504	3504	12 808 761

根据最高人民法院 2019 年的庭审公开第三方评估报告，人民法院的热点案件庭审直播受到了人民群众的关注，2018 年关注度最高的案件是合肥市中级人民法院审理的房屋征收决定的

行政案件，观看量达到了 764 万次，更有法院的单个案件直播观看量突破了千万次。[1]例如最高人民法院直播的"原审被告人张某中诈骗、单位行贿、挪用资金再审案"[2]。在庭审直播的过程中，我国法院还通过推动热点案件审判以及树立典型法官的方法将庭审公开变为法治公开的课堂。[3]

由于中国庭审公开网已经成为网络庭审视频直播的主要平台，因此笔者将通过对中国庭审公开网进行观察，总结目前庭审视频直播的总体状况。

1. 网站设计和运行

中国庭审公开网开设了 7 个模块。

首页模块展示了今日累计直播数量、最高人民法院累计直播数量、全国累计直播数量以及全国各网站累计访问量。同时设置了法院导航，使公众可以根据点击选择辖区法院，并查看辖区法院的庭审视频直播数量。首页下方展示了热播案件和案件预告，便于公众点播回放已直播案件，并查看即将直播的案件。

庭审直播模块会优先展示今日焦点案件，一般为高级人民法院和最高人民法院直播的庭审案件。同时会在下方显示所有今日的直播案件。

庭审预告会对 5 日内的所有庭审直播案件进行预告。

案件回顾栏目会展示所有已直播的民事案件，公众可以选择直播类型，民事案件类型以及法院级别对案件进行筛选，但是当前采用的是滚动翻页功能，无法高效查找某一时段的案件，

---

[1]　参见支振锋、叶子豪："人民法院庭审公开第三方评估报告（2019）"，载《法律适用》2019 年第 23 期。

[2]　"原审被告人张某中诈骗、单位行贿、挪用资金再审一案"，载中国庭审公开网：http://tingshen.court.gov.cn/live/2288821.

[3]　参见支振锋、叶子豪："人民法院庭审公开第三方评估报告（2019）"，载《法律适用》2019 年第 23 期。

而且在网页崩溃后滚动翻页会回到初始点,对用户较不友好。[1]

重大案件栏目多选择重要的、社会影响力大的案件通过图文方式进行展示。例如,"张某某故意杀人、故意毁坏财物案""杭州保姆纵火案"等。除此之外,还有数据公开栏目,公众可以查看各个法院和整体的直播数据。

2. 直播形式方面

视频庭审直播目前以多机位+视频直播为主。根据笔者的调查情况,多数案件的庭审直播可以实现 5 个机位同步直播,民事案件与行政案件通常包括审判席、原告席、被告席、书记员电脑、旁听席,而刑事案件通常包括审判席、公诉人、被告人、辩护人以及旁听席。

但是,由于缺乏统一规定,目前法院的庭审直播情况也并不相同。例如,突泉县人民法院的民事〔2021〕内 2224 民初 880 号案件仅有一个机位。[2]也有法院实现 6 个机位同步直播。而且各个机位的拍摄对象也有所不同,甚至会出现显示的机位无视频图像的凑机位情况。例如,在广州市白云区人民法院审理的民间借贷纠纷一案中,2 个机位图像为蓝屏。[3]在庭审过程中,也有法院会出现仅展示书记员电脑笔录的情况。[4]

3. 直播内容方面

覆盖开庭审理全过程。中国庭审公开网的庭审直播内容通常包括全部庭审过程,但是部分法院的庭审直播会省略书记员

---

〔1〕 支振锋、叶子豪:"人民法院庭审公开第三方评估报告(2019)",载《法律适用》2019 年第 23 期。

〔2〕〔2021〕内 2224 民初 880 号案件。

〔3〕〔2021〕粤 0111 民初 18538 号。

〔4〕〔2021〕黔 0402 民初 3635 号。

查明当事人和其他诉讼参与人是否到庭，并宣布法庭纪律这一步骤。也有的庭审直播视频会包含从开庭到庭审结束的全过程，甚至包括案件当事人在庭审结束后的状态。

同时，对于个人隐私（包括当事人身份、身份证号以及合议庭组成人员姓名和书记员姓名），目前的直播平台并不提供技术处理。对于画面质量较高和音频质量较高的庭审直播，案件参与人的信息和面部信息极为清晰。

（二）微博直播

有别于视频直播，微博直播是通过法院发布文字、图片、短视频的方式进行静态直播。但是，公众可以对案件进行留言、转发，进而对案件审理情况进行评论和监督，互动性与参与感更为强烈。

2015年云计算服务商阿里云联手微博，宣布推出司法云平台，并通过互联网+云计算的方式，面向全国法院提供庭审视频微博直播服务。[1]随着新浪微博媒体与阿里巴巴云平台相结合推出司法云服务，微博庭审视频直播开始在全国推广开来，并成为庭审公开最有效、最便利的方式。[2]根据人民网舆情数据中心发布的《2016政务指数·微博影响力报告》，截至2016年底，经新浪平台认证的法院系统微博数达到了3547个，四级法院微博体系已建成。微博的"庭审直播"超话目前的阅读量达1.2亿。[3]

从实际运行效果来看，微博庭审直播在一定程度上实现了工作公众期待的司法与民意的良性互动，让公众对司法有了一

---

〔1〕 "法院庭审微博直播"，载新浪网：http://news.sina.com.cn/c/2015-07-10/05593 2092751.shtml，最后访问日期：2015年7月10日。

〔2〕 支振锋："庭审网络直播——司法公开的新型方式与中国范式"，载《法律适用》2016年第10期。

〔3〕 数据统计截至2021年7月1日。

定的了解，进而能够理解法院、理解法律，支持法院的裁判结果。2016 年 4 月 14 日发生在山东省聊城市的"于欢案"，其一开始并未引起媒体的关注，直到 2017 年 3 月 23 日，《南方周末》发布深度调查性报道《刺死辱母者》，该事件才迅速进入公众视野并引爆舆论场。之后，随着山东省高级人民法院对该案的二审庭审直播，"于欢案"引发了第二个舆论高潮。"于欢案"二审庭审直播从 2017 年 5 月 27 日上午 8：24 开始，23：04 结束。其间，"山东高法"共通过文字、图片、视频的方式全程对庭审过程进行直播，发布了 134 条微博，阅读总量高达 4828 万，收获转发 3.29 万次，评论 6.43 万次和点赞 5.2 万次，公布的庭审视频总播放量高达 1997 万次。27 日上午，"山东高法"公开发布的"审判长宣布案件开庭，核实当事人身份，告知诉讼权利"视频得到了网民的广泛关注，观看量高达 1119 万余次，转发量达到 4000 余次。[1]通过"山东高院"以"图文＋视频"的微博庭审直播，并伴随一审认定的案件事实，于欢的上诉理由，举证质证、法庭辩论、重要证人于欢之母苏银霞出庭作证等透明、清晰的审理程序的公开，公众的评论也由负面转为正面。网民与媒体汹涌澎湃的舆论不但没有阻碍司法的公正执行，反而有力地推动并监督了"于欢案"的二审判决，促进了司法审判过程的公开、透明且高效。[2]

笔者对法院微博直播案件进行调研发现，微博庭审直播主要具有以下特点：

---

〔1〕 王倩："网络庭审直播规制研究：司法公开与舆论风险控制"，暨南大学 2018 年硕士学位论文。

〔2〕 房立俊："'于欢案'舆论背后的社会心态及媒体引导研究"，载人民网：http：//media. people. com. cn/n1/2018/0205/c416774-29806543. html，最后访问日期：2018 年 2 月 5 日。

1. 直播主体不特定

对于微博庭审直播的适格主体，目前尚无定论，虽然由学者提出，司法解释[1]从保证法庭秩序的角度明确限制了诉讼参与人、旁听人员进行微博庭审直播，并肯定了法院和媒体作为微博庭审直播主体的资格。[2]但是，目前对于非庭审过程中诉讼参与人与旁听人员能否进行庭审直播尚无明确规定，且在民事诉讼和行政诉讼法律规定和解释中对诉讼参与人与旁听人员能否进行庭审直播并没有作出限制性规定。从司法实践来看，法院是微博庭审直播的主体。各级法院会根据案件的具体情况，在法律允许的范围内选择公众关注度较高、社会影响较大或者具有法治宣传教育意义的案件，采取单独或者联合直播的方式进行网络微博庭审直播，例如湖南省高级人民法院对"唐慧案"二审的直播，2015年初的"房某名涉毒案"就是由北京市东城区人民法院和"京法网事"共同直播的。[3]

2. 案件直播种类以民事和刑事案件为主

根据学者调研，微博庭审直播的行政案件数量较少，一方面是因为行政诉讼案件相较于民事和刑事案件数量少，另一方面则是因为行政机关在审判中占据相对强势的地位，行政机关

---

[1] 最高人民法院发布的《关于适用〈中华人民共和国刑事诉讼法〉的解释》第249条规定："法庭审理过程中，诉讼参与人、旁听人员应当遵守以下纪律：……（三）不得对庭审活动进行录音、录像、摄影，或者通过发送邮件、博客、微博客等方式传播庭审情况，但经人民法院许可的新闻记者除外。"《关于适用〈中华人民共和国刑事诉讼法〉的解释》第250条规定："法庭审理过程中，诉讼参与人或者旁听人员扰乱法庭秩序的，审判长应当按照下列情形分别处理：……（四）未经许可录音、录像、摄影或者通过邮件、博客、微博客等方式传播庭审情况的，可以暂扣存储介质或者相关设备。"

[2] 姚广宜："对网络微博庭审直播现状的实证分析"，载《中国政法大学学报》2016年第4期。

[3] 参见姚广宜："对网络微博庭审直播现状的实证分析"，载《中国政法大学学报》2016年第4期。

为了维护自身形象不愿意成为被告并被公众"围观",给庭审直播带来了压力。[1]同时,法院网络微博庭审直播的案件大多为日常纠纷类案件,真正有影响力的大案、要案相对较少。[2]

3. 微博庭审直播内容缺乏完整性

在庭审的四个阶段中,庭审准备的公开率最高,而法庭调查环节和法庭辩论环节公开率最低,案件评议多在案件宣判后进行公开。[3]

第四节　庭审直播存在问题的实践反思

一、庭审直播案件的样本调查

笔者从中国庭审公开网抽取网络庭审直播的视频作为样本,抽取了中国庭审公开网展示的共 87 件案件庭审视频作为样本:①14 件重大案件。在该官网首页导航项中,有"重大案件"导航栏,栏目下共有 14 件重大案件的庭审直播视频,含最高人民法院再审的"物美集团创始人张某中诈骗案"等案件,开庭时间自 2014 年至 2019 年不等,观看量从 10 余万人次至 1000 余万人次不等。②18 件当季热点排行案件。在中国庭审公开网首页"热点排行"一栏,分别有刑事、民事、行政等各类案件在本周、本月、本季的浏览量排行。③55 件基层人民法院审理的其他刑事、民事、行政案件。从观看数量上看,在所有样本中,

---

〔1〕　姚广宜:"对网络微博庭审直播现状的实证分析",载《中国政法大学学报》2016 年第 4 期。

〔2〕　姚广宜:"对网络微博庭审直播现状的实证分析",载《中国政法大学学报》2016 年第 4 期。

〔3〕　姚广宜:"对网络微博庭审直播现状的实证分析",载《中国政法大学学报》2016 年第 4 期。

第一、二类案件样本，即重大案件和季度热点排行中的案件观看数量远多于第三类案件样本——随机抽取的样本。半数以上重大案件和季度热点排行案件的观看量超过 100 万人次，而基层人民审理的其他案件庭审视频观看量均不足 100 人次。就网民互动方面而言，网民对直播庭审可进行点赞或留言评论进行互动。从抽样情况来看，在全部样本中，尚无网友留言评论；重大案件均得到了几十个至几百个不等的点赞量，约 1/3 热点排行案件获得少量点赞，随机抽取的其他案件均无网民互动痕迹。就视频视听效果而言，在全部样本中，四成左右的庭审视频存在视听障碍，除 1 件为热点案件之外，其余均为随机抽取的基层人民法院直播的庭审。影响视听方面的问题主要有：视频无法正常打开、有画面无声音、杂音较重、画面模糊不清、信号中断等。约 1/5 的案件有 3 个以上的镜头对庭审进行多角度直播，较完整地呈现了法官和各诉讼参与人的庭审表现情况。可见，网络庭审直播的技术支持还有待进一步加强。从庭审秩序情况来看，除了在 1 件行政案件庭审过程中，原告情绪激动，当庭哄闹指责被告之外，其余抽样案件的庭审均平稳、有序。

此外，由于直播尚未形成统一的制度规范，在直播案件的选择、审核、直播形式、内容标准等方面均缺乏统一的规定，使得直播效果也因此大打折扣，公众对于庭审直播也并未有较大的参与意愿。例如，在微博庭审直播中，引起热议的往往是热点案件，而就案件本身讨论者寥寥。而对于法院而言，或者没有明确意识到庭审直播的价值和重要意义，或者因为经济条件限制等原因，或者因为担心舆论和个人信息暴露而不愿意直播。各个法院之间的网络庭审直播发展处于不均衡状态，甚至有法院怠于推进庭审直播工作，进而影响了庭审直播的效果。下面，笔者将对其主要问题进行梳理。

二、庭审直播实践问题梳理

（一）网络庭审规则不统一

中国庭审公开网已经建成并顺利运行，对我国互联网庭审直播的法律法规进行考察，目前我国针对网络庭审公开缺乏统一的规则，包括庭审直播的主体、平台、程序、标准、案件范围、技术处理等均未予以明确规定，这也导致在实践中不同法院的直播操作和直播质量差异较大。比如，湖南省高级人民法院通过微博直播"唐慧案"二审，7天时间发布微博18条，但大部分都是关于安检、旁听安排的信息。而广东省高级人民法院在审理"苹果公司 iPad 商标权纠纷上诉案"时，其官博发布微博160多条，详细而完整的图文直播令人身临其境。[1]中国庭审公开网上各个法院的直播机位、内容的不同也是由缺乏统一的法律规定造成的。

地方关于网络庭审直播的细化规则也有所区别。比如，江苏省高级人民法院在2018年3月印发的《关于全面开展庭审网络直播工作的通知》要求江苏省法院全面推进庭审直播，实现所有案件、所有法官、所有法庭全覆盖，"以直播为原则，不直播为例外"。除了涉及国家机密、商业秘密、个人隐私、未成年人保护等依法不公开审理的案件不应直播外，所有公开开庭案件原则上均应进行庭审网络直播。直播将被纳入全省中级人民法院工作综合考评体系，凡不直播的案件必须审批备案。[2]河南省于

---

〔1〕 "敏感案件审理，更需微博全程直播"，载搜狐网：http://news.sohu.com/2013070 3/n380521748.shtml，最后访问日期：2013年7月3日。

〔2〕 "江苏今年全面铺开庭审网络直播"，载百家号：https://baijiahao.baidu.com/s? id=1597858808524715257&wfr=spider&for=pc，最后访问日期：2020年10月8日。

2017 年发布的《关于庭审网络视频直播实施办法（试行）》在案件范围规范方面与江苏省不同，与《直播录播庭审活动规定》一致，并要求"拟进行庭审直播的案件，由相关审判业务庭承办法官按照规定的程序申报，并填写《河南法院庭审网络视频直播审批表》"。

这种庭审直播规则的不一致客观上导致庭审直播案件质量参差不齐。在当前的技术设置条件下，有效的网络直播庭审至少要直播 10 分钟方能成功上网展示，才能成为统计庭审直播率的有效数据。在案情简单、审理时间较短却又面临庭审直播率考核的驱动下，人为完成庭审直播的情况比较容易发生。这反映了个别法官为了直播而直播，应庭审直播考核的需要而为之，缺乏直播的价值考量。

（二）公众获取直播信息的便捷性不足

中国庭审公开网页面简洁，可通过"搜索""直播回顾"和"法院导航"等主要方式查找已直播过的案件，但是案件查找仍有不便之处。例如，检索条件设置单一、搜索功能不完备。目前，使用"搜索"工具查找直播案件的前提是获悉"案号"或"法官名"信息，而这两项信息主要为法院和当事人所掌握，对于普通大众而言存在信息障碍，难以通过搜索功能实现快速、便捷查找案件。在"法院导航"栏下，未提供案件类型、案由、审理时间等条件检索功能，除个别热播案件在"热播案件"一栏展示外，不同类型的众多案件均在"案件回顾"栏下以时间倒叙的顺序排列出现，只能在冗长的案件清单中向下查找，费时费力；案件筛选辨识度低，案件信息获取难。

另外，在中国庭审公开网上，每一个直播的庭审视频页面均有"案情简介"一项，用于介绍案件基本情况，但目前尚不作为法官在作庭审直播前要做的必填项，故对该项下内容填写与否及如何填写均不做要求。从抽样结果来看，约半数案件无案件简介，个别样本虽有案件简介，但显得"粗制滥造"。网络庭审直播多以全程视频直播的形式呈现出来，对于某一个或某一类与己无关的案件，在缺乏必要提示信息的情况下，大众难以作出选择判断，甚至会放弃观看。

此外，庭审直播案件标题书写不规范也加剧了民众获取信息的难度。在中国庭审公开网，对于如何标明标题目前仍处没有明确要求，有的案件明确标明案件当事人与案由，有的仅标明案由，有的则标明案由和案号。

（三）直播案件裁判的未知性。

在全部样本中，除了少数案件在开庭审理中当庭宣判或者直播视频即为宣判的直播之外，大多数案件仅展示举证质证、法庭辩论等开庭审理的过程，不能实现当庭宣判，这亦符合现实实际情况，案件当庭宣判比率是相对较低的。对于普通大众而言，观看庭审直播好比看剧，只有剧目上演但无剧终结局是让人难以接受的。况且，庭审直播又是庄重严谨、专业性较强的"戏"，与自身切身利益不相关，又无"结局"，这"戏"的吸引力可想而知。难以获得有益"营养"，大众较少观看没有影响力的普通案件直播庭审的缘由也就不言而喻了。

（四）舆论影响庭审结果

庭审直播使得庭审过程全程公开透明，并进行留痕，是对群众知情权和监督权的及时保障，同时也是对法院自我约束的强化。

但是，缺乏整体内容的庭审直播，仅凭直播内容，参与直播旁听者难以获取有效的案件信息，而当直播主体为案件利益关系人时，其往往又会有选择性地在新浪微博直播于己有利的信息，这可能导致不利舆论导向的信息内容被掩饰甚至直接隐藏。例如，2016 年"快播案"直播，累计有 100 余万人观看视频，最高时有 4 万人同时在线，在控辩方激烈的法庭讨论后舆论明显偏向于被告。[1]当直播的主体为媒体时，媒体在选择直播内容时也多会选择能够吸引流量并能够在社会上迅速引起轰动的庭审片段，在文字内容方面也可能会进行带有主观色彩的内容评述，造成大众对案件信息的误解。

法院的庭审直播由于缺少媒体专业人士，往往难以引起大众的关注度，在片面信息混同的环境下，社会关注度高的案件，经过庭审直播反而更加容易引起热议，而民众则可能会受到新闻媒体的影响，进而对法院裁判造成舆论压力，甚至可能会左右判决结果，影响裁判的公正。

（五）网络庭审直播存在安全风险

庭审过程本身就蕴含大量庭审信息，包括与当事人及诉讼参与人相关的数据（包括姓名、性别、身份证号码、生物识别信息等）与案件相关的数据（包括案情信息、证据信息、当庭陈述答辩、质证和辩论等信息），与诉讼程序相关的数据（包括管辖、回避、法律适用等信息）。[2]而这些信息可以通过技术手段进行识别、挖掘、采集，而平台既难以管控他人的非法截取行为，又无法掌握其对庭审信息的后续利用，无疑将给诉讼进程、诉讼参与人（尤其是当事人）带来数据安全风险。[3]

安全风险主要表现在以下三个方面：

第一，庭审过程中个人信息被公开。主要表现在直播后核实身份。根据《民事诉讼法》第 140 条第 2 款的规定："开庭审

---

[1] "强化舆情风险评估防范庭审直播'翻车'"，载人报融媒：https://www.rbrm.net.cn/m/view.php？aid=3999，最后访问日期：2020 年 10 月 8 日。

[2] 徐显明、齐延平："'权利'进入，抑或'权力'进入——对'现场直播进法庭'的学理评析"，载《现代法学》2001 年第 4 期。

[3] 刘友华、朱蕾："大数据时代庭审网络直播的安全风险及其防范"，载《法学杂志》2020 年第 12 期。

理时，由审判长或者独任审判员核对当事人，宣布案由……"法官在核实当事人身份时，通常会要求当事人陈述其姓名、出生日期、住所地、工作单位、职务等信息。在个别案件中，当事人还会表述其身份证号码等信息。在作者观看的视频中，有22起案件在庭审视频直播开始后核实当事人身份，当事人的个人信息随视频直播同步公开。另外一个表现是庭审中出现的部分个人信息被公开。庭审的进展具有很大的不确定性，庭审过程中可能会涉及出示当事人的房产信息、车辆信息或者银行卡号等证据，有些时候当事人临时举证也有可能涉及个人信息或者个人隐私。

第二，安全风险还体现在目前未有效应对不宜直播的情形。例如，在证人出庭的案件中，存在在庭审视频直播过程中核实证人身份的情形，这将导致证人的身份信息被公开，进而增大证人出庭作证的难度。此外，在当事人当庭对庭审视频直播提出异议时，存在法官无法有效回应的情形。

另外，还有关于直播非开庭审理程序的安全风险问题。笔者发现存在询问、调解等非开庭审理程序的庭审视频，其间可能会涉及当事人不愿公开的内容或者信息。比如有部分调解程序公开出来，有时会增大同一原告类案的诉讼难度。此外，部分案件在庭审尚未开始之前即开始直播，此时会将法官间庭前的讨论或不涉及工作的聊天内容一并公开，可能会公开部分审判人员的个人信息。

第三，随着现在技术的发展，庭审直播的画面质量进一步高清化，旁听者可以清晰识别诉讼参与人，不仅让诉讼参与人的个人信息暴露在公众视野中，也为利用人脸识别等进行高科技犯罪提供了可乘之机。除此之外，在庭审过程中，公众可以通过庭审直播掌握记录庭审过程的庭审笔录以及当事人双方提交的证据资料，如果利用精准数据采集加以算法分析便能够最大限度地还原案件事实、组合商业秘密和国家机密。[1]

（六）庭审直播效果不佳

庭审直播效果不佳主要体现在以下几个方面：

第一，庭审直播质量参差不齐。庭审直播的质量通常由直播画质、音频清晰度、庭审规范程度等决定。但是，笔者在调查过程中发现，由于缺乏统一性规定，直播画质目前并没有形成统一标准，部分法院存在画质清晰度不高的情况。例如，在盐池县人民法院审理的一起挪用资金罪案中，画质较低，画面模糊不清。[2]在音频清晰度方面，部分庭审直播存在杂音、声音较小的情况，甚至出现了无声音的情况。[3]

第二，庭审直播未能形成与公众的双向互动。通过查看中国庭审公开网，除了热点重大案件外，庭审直播的观看量较少，虽然中国庭审公开网提供了评论平台，但是评论者寥寥。

第三，庭审直播效果不佳还体现在暴露了很多庭审规范性不足上。主要表现为法院工作人员着装不规范、法庭布置不严谨等问题。中国社会科学院法学研究所"人民法院庭审公开第三方评估"课题组在抽查案件时发现部分案件的庭审过程存在不规范操作。例如，审判员人数不合法、未按规定穿着法袍，甚至还有审判员在审判过程中使用手机等。[4]笔者在调研过程中也发现存在着装问题，表现为法官开庭未着法袍、书记员未着制服或者制服混搭、法徽及领带佩戴不规范等问题；存在庭

---

[1]　刘友华、朱蕾："大数据时代庭审网络直播的安全风险及其防范"，载《法学杂志》2020年第12期。

[2]　[2019]宁0323刑初2号。

[3]　[2019]云0112民初12242号。

[4]　支振锋、叶子豪："人民法院庭审公开第三方评估报告（2019）"，载《法律适用》2019年第23期。

审标识牌漏摆的问题，如位于审判长两侧的人民陪审员面前无"人民陪审员"的标识牌，法律意识较为淡薄的民众也许不易理解和接受，甚至会产生不应有的误解。

第五节　网络庭审公开制度的实践完善

我国庭审直播从观念更新、政策制定到基础设施和硬件设备完善，经历了一个从无到有、从空白到相对健全的过程。相较于域外网络庭审直播发展，中国的互联网庭审公开已经走在世界前列。但是，我们也必须承认，我国互联网庭审直播仍然存在不少不足，需要在今后的司法改革中予以完善。

一、建立统一的庭审直播制度规范

目前，中国庭审公开网和微博庭审直播的运行都取得了不错的成果，也吸取了一定的经验和教训，最高人民法院应当结合当前互联网庭审直播的问题，并结合以往运行经验，制定全国统一的互联网庭审公开规则，从互联网庭审直播的原则、平台、案件范围、上下级法院和法院内部的职责分工、直播程序、不公开案件的审批程序、庭审视频删除规则、庭审直播的技术规范以及相应的经费保障措施等方面对互联网庭审公开制度予以完善，确保互联网庭审公开工作更加规范化，并为互联网庭审直播工作顺利进行提供制度保障。

笔者建议，在庭审直播规范中应当包含以下内容：

（1）庭审直播的基本原则，应当明确"以公开为原则，不公开为例外"。

（2）庭审直播的案件范围应当予以限制，可以采用"概括性+否定式"的方式予以明确。比如对于何种案件必须公开直播，对于何种案件必须不能公开直播，应当予以明确。

（3）明确庭审直播的平台，并对庭审直播的平台使用和主体进行规范。庭审直播的主体应当被限定为法院，法院在面对重大、热点案件时可以选择与其他媒体平台合作，但是直播的控制权应当由法院掌握，以避免不准确信息给案件带来负面影响。

（4）规范庭审直播技术处理问题，技术处理方式包括删除和隐匿信息。

（5）明确各级法院在庭审中的职责分工，建议由法院内部的业务庭负责庭审直播工作，信息技术部门负责庭审视频直播平台的建设、维护、直播音视频的信号采集、现场协调、设备调试、培训考核等工作，以及直播技术的升级优化与完善工作。宣传部门负责对庭审直播进行汇总、舆情评估、宣传等。上级法院负责对下级人民法院的庭审直播进行监督和指导。

（6）健全直播程序。对于庭审直播是否需要报批准、庭审直播预告核实公开、庭审直播的内容、要求、视频删除等均应当予以明确。

二、提升直播设施和基础保障

笔者通过浏览中国庭审公开网发现，法院目前在视频直播方面还存在较多的技术问题，网站设计也欠缺一定的合理性，这极大地影响了庭审直播的效果和公众参与庭审直播的积极性。

法院直播视频模糊不清、直播画面单一、直播声音效果不佳均会导致公众难以感知庭审现场信息，并对庭审的严肃性产生疑问。因此，笔者建议建造标准化的直播法庭。直播法庭应当具备三个以上机位，确保审判席、民事行政案件的双方当事人席位或者刑事案件的公诉人席位和被告人席位清晰可见，像素至少能够达到 1080P 标准，且能保证同步摄像传输的清晰度和收音录音设备。同时，也可以在直播法庭中布置多媒体播放装置、实物投影机、电子文件处理系统、视像会议系统、数码录音及誊写系统等先进装置，在实现庭审现场同步录音录像的基础上逐步探索取代人工记录的法庭记录模式。

在中国庭审公开网中，直播网站给予公众的旁听选择度较低导致公众难以有效选择自己感兴趣的案件并进行旁听。目前的中国庭审公开网相较于直播公开的对外公开价值，从整体结构布局来看更侧重于法院内部人员的发布直播平台和法律专业人员的直播视频检索平台，而对于没有法律基础的公众而言，则难以有效选择案件进行旁听。基于此，笔者建议对热点、重点的直播案件预告进行文字概述，描述基本案情，提高公众参与庭审直播旁听的积极性。

三、明确直播的案件范围

虽然目前最高人民法院并未明确作出规定，但在实践中对庭审直播案件范围已经形成"以公开为原则，以不公开为例外"的默认要求。根据《民事诉讼法》《刑事诉讼法》以及《行政诉讼法》，涉及国家秘密、个人隐私的案件不应当公开审理，对于涉及商业秘密的案件，当事人申请不公开审理的，可以不公开审理。在民事诉讼中，对于离婚案件当事人申请不公开审理的，也可以不公开审理。在刑事案件中，对于审理时未满 18 周岁的未成年人案件，除了未成年人保护组织以及被告人的学校可以派代表出席庭审之外，基于对未成年人的保护，也不应当公开审理。不公开审理的案件自然不涉及是否公开庭审直播，但是笔者认为，目前的庭审公开案件范围在实践中过于广泛，应当进一步作出限制。

对于民事案件和行政案件，笔者认为，除了上述不应当公开审理和可以不公开审理的案件外，应当赋予案件双方当事人选择是否直播庭审的权利。民事案件的当事人和行政诉讼案件中的原告对于案件是否可以庭审公开可能会有自己的考量，在其认为不进行庭审直播更能够保障自己的权益且能够充分说明其理由的情况下，法院应当不对案件情况进行庭审直播。法院可以公布案件当事人的不公开直播申请书，以实现司法公开的目的。在涉及调解的情况下，由于调解双方当事人基于自己的利益考量让步时可能会涉及一定的隐私问题，并且在相对隐私的环境下更利于调解的开展，因此在此种情况下，如果对庭审（尤其是调解）的情况进行直播，当事人可能会难以达成调解协议，因此针对调解案件也不宜进行庭审直播。

对于刑事案件应当严格限制庭审直播，在笔者对法院工作人员的访谈中，有法官明确表示，对于涉及未归案同案犯的案件，如果进行庭审直播，则整个案件庭审活动都会暴露在公众视野之下，同案犯可以通过庭审直播了解整个案件证据情况，这给侦查机关的抓获和归案后的侦破都带来了难度。同时，在刑事案件中，不乏暴力型、智能型犯罪，当这些案件不属于不公开审理的范畴时，法院必然需要对其进行庭审视频直播。此时将无法避免展示作案手段，并会对作案信息进行详细阐述（比如警察的侦查方式、证据如何定罪等），对于别有用心、蓄意计划犯罪的人而言，庭审直播反而会成为获取相关犯罪手法的途径，甚至可能获知相关销毁证据、逃避侦查的手段。因此，笔者认为对于刑事案件要严格限制，限于以下情况：涉及严重的暴力型犯罪或者高智商犯罪，为了避免他人模仿犯罪，对于此类案件应当不进行直播；涉及证人作证、被害人出庭的案件，应当隐去证人、被害人的相关信息和画面。

四、明确规范庭审主体和过程

在直播主体方面，由于摄像机的存在，视频直播可能会给案件事实参与人造成一定的心理压力，从而影响诉讼程序的进行。而微博直播由于属于不全面的信息，因此可能会难以全面陈述案件。同时，诉讼参与人可能利用微博单方面同步直播庭审内容，进而使公众对真实的庭审活动产生误解。因此为了进一步完善直播形式，应当由法院通过权威渠道进行直播，其具体方式包括通过视频直播、微博直播以及召开新闻发布会对庭审活动进行说明。

在直播规范方面，审判人员、书记员、法警代表国家行使公权力，其言行举止均会影响法庭威严。尤其是在庭审直播的情况下，对庭审的规范程度提出了更高的要求，包括着装的规范性、庭审程序的严谨性等。但是，根据笔者观看的庭审直播视频，我国目前庭审行为的规范程序较低。比如存在法官着装不规范、庭审中法警擅自离席、出现开关门、小声议论等情况，这些行为均影响了观看者对庭审庄重、威严的感知，甚至会降低观看者对司法的信任。庭审直播因向全民公开而更应规范、有序，以免对司法形象造成减损。为此，有必要明确规范庭审直播过程，同时法院应当进一步加强法官的法庭礼仪以及庭审直播工作培训，提高法官的综合能力，杜绝任何违法违规的庭审行为。[1]

此外，在直播内容规范方面，为了使直播旁听人员能够掌握案件相关信息，同时为了避免旁听人员以及诉讼参与人选择性直播，进而给案件审理带来不利影响，法院应当严格按照庭

---

[1]　支振锋、叶子豪：“人民法院庭审公开第三方评估报告（2019）”，载《法律适用》2019 年第 23 期。

审规范，并对庭审内容予以全面公开直播。尤其是对于案件审理具有核心价值的辩论和质证环节，不能将其沦为走过场，这样不仅能够增加诉讼当事人对案件裁判结果的接受程序，对于旁听者也能够更好对案件事实情况和审理情况进行理解。

五、明确庭审直播时隐私信息的处理标准

虽然在对于不应当公开审理和可能涉及个人隐私、商业秘密等特殊案件不会进行公开审理，也不涉及庭审公开的问题，但是在具体的案件审理过程中还是会涉及当事人的隐私等相关权益。

如前所述，在开庭前，法官需要核对当事人的身份、职业、住址等信息，还需要宣布合议庭成员、书记员以及其他诉讼参与人的相关信息。在刑事案件中，被害人可能出庭，法庭可能通知证人出庭接受询问、通知侦查人员出庭说明情况等，这些诉讼参与人与办案人员的信息法院也需要逐一核对。而在目前的庭审直播中，对于相关信息或者诉讼参与人的头像缺少技术处理，尤其是在视频可以被反复播放的情况下，相关信息容易被别有用心的人获取、盗用。例如，笔者调查观看了"韩某诉西宁世纪佳和房地产开发有限公司房屋买卖合同纠纷案"，[1] 在庭前准备程序中，原告韩某的文化程度、民族、身份证号等重要信息均需核对，这无疑造成了当事人信息的泄露。轻则泄露诉讼参与人的隐私，重则可能会为个别人员对证人、法官、侦查人员进行打击报复提供条件。

为此，应当明确图像处理和信息处理标准，在诉讼过程中，通过技术手段对必要信息进行处理。比如，对诉讼参与人（尤

---

〔1〕　［2019］青 0103 民初 3122 号。

其是证人）面部进行马赛克处理，对于涉及当事人隐私信息和可能涉及企业商业秘密的内容应当予以消音处理，使数字技术能够被更好地运用到庭审直播中。同时，在回放过程中，将此类信息予以删除。

互联网环境下的裁判文书公开

裁判文书对于宣布案件审理结果以及记录案件审理过程而言具有重要意义，对裁判文书予以公开有利于维护案件当事人的合法权益，对于推动司法公开也具有重要价值。随着我国互联网的迅速发展，裁判文书网上公开制度也成了司法改革的新措施。其有利于公众通过更加便利的方式了解法律，监督法院庭审工作，对于法官而言也有利于提高自身审判素质。

第一节　裁判文书公开的立法发展

法院裁判是指人民法院在审理案件的过程中，根据庭审程序查清案件事实并运用法律规定对诉讼案件的程序和实体问题作出最终评价的文书。裁判文书公开是指人民法院利用公告、报纸、期刊、杂志、广播等各种媒介，向全社会公布其制作生效的裁判文书。裁判文书的公开对象既包括案件的当事人，也包括其他社会公众。传统裁判文书公开受限于信息传播途径，一般通过当庭宣告的方式实现对特定当事人的裁判文书公开。而在大数据时代则通过特定的信息平台网站将裁判文书予以公开，增加了公开的受众范围。

一、互联网裁判文书公开的立法发展

针对裁判文书网上公开，目前并没有法律予以明确规定，多见于最高人民法院发布的规范性文件。其法律位阶较低，且变化较快，缺乏系统性规定。通过查阅相关的规范性文件，我们可以明晰我国裁判文书网上公开的发展历程。从发展历程来看，我国互联网裁判文书公开可以被分为起步、发展、全面推进三个阶段。

（一）起步阶段

我国裁判文书网上公开最早源于 1999 年 10 月 20 日最高人民法院印发的《人民法院五年改革纲要》。其强调"使裁判文书成为向社会公众展示司法公正形象的载体，进行法制教育的生动教材"。但此时限于技术手段，并未强调互联网公开，对于裁判文书的具体公开方式和途径也没有作出明确规定。

2000 年 6 月 15 日，最高人民法院发布《裁判文书公布管理办法》，在裁判文书公布的渠道中明确规定"对具有典型意义、有一定指导作用的案件的裁判文书，不定期地在人民法院报、公报上公布"，"日常的裁判文书可随时在人民法院报网和我院开通的政府网上公布。这是公布裁判文书的一种主要形式"。其强调了裁判文书要对公众公开，第一次对裁判文书网上公开进行了明确规定，为日后裁判文书网上公开奠定了制度基础。

在此阶段，裁判文书向公众公布的实践已经起步，最高人民法院已经意识到可以将互联网作为裁判文书公开的一种途径，且在 2000 年和 2001 年，广州海事法院和北京市高级人民法院均对裁判文书公开进行了规定。

（二）发展阶段

2002 年 1 月 29 日，最高人民法院发布了《人民法院计算机信息网络系统建设规划》。该规划指出："积极筹建人民法院公众信息网网站。为公正司法，保证人民群众对人民法院的工作实行有效的监督，'十五'期间，有条件的人民法院应建设法院网站，向社会公布公开审判案件的裁判文书。"

2004年10月21日，最高人民法院印发《关于进一步加强人民法院基层建设的决定》。该决定在落实公开裁判制度的条款中明确："有条件的法院实行裁判文书上网公开，方便当事人和社会各界查询。"但是无论是2002年的《人民法院计算机信息网络系统建设规划》还是《关于进一步加强人民法院基层建设的决定》都未将裁判文书网上公开确定为裁判文书公开的必须途径。

2005年12月8日，最高人民法院发布了《国家"十一五"规划期间人民法院物质建设规划》。在这一规划中，最高人民法院同样指出可以建设政府网站，并在网站中公布裁判文书，但是依然未对裁判文书网上公开进行强制性规定，且相较于之前的规定，缩小法院范围为最高人民法院、高级人民法院和有条件的中级人民法院。

2006年11月9日，最高人民法院发布《关于海事审判工作发展的若干意见》，在这一规定中第一次对裁判文书网上公开进行了明确且强制的规定。其提出要建立诉讼档案电子数据库，对建院以来已结案的裁判文书进行电子数据处理。同时，其还强调："所有生效的涉外海事海商判决书要在中国涉外商事海事审判网以及各法院的门户网站上公布，并在三年内实现全部生效裁判文书对外公布。"这一规定明确了海事案件裁判文书互联网公开制度。

2009年，最高人民法院第一次对裁判文书网上公开制度进行了明确。3月17日发布的《人民法院第三个五年改革纲要

（2009—2013）》明确规定："研究建立裁判文书网上发布制度和执行案件信息的网上查询制度。"同年，最高人民法院发布的《关于司法公开的六项规定》对不进行裁判文书网上公开的情况、技术处理问题进行了明确。

2010年10月20日，最高人民法院发布了《司法公开示范法院标准》。在文书公开记分项中，其涉及的均为裁判文书网上公开的内容。包括网站是否设有专门的裁判文书公开栏目，是否按照规定对文书进行了互联网公开，以及相关的监督管理情况。此时，虽然最高人民法院尚未明确推出裁判文书网上公开制度，但是对其已持肯定态度。

2010年11月21日，最高人民法院印发了《关于人民法院在互联网公布裁判文书的规定》（以下简称《互联网公布裁判文书规定》）。其明确了"人民法院在互联网公布裁判文书，应当遵循依法、及时、规范的原则"。同时，对裁判文书的公开范围、技术处理要求、裁判文书公开日审核程序以及其他相关事项进行了明确。《互联网公布裁判文书规定》对法院在互联网公布裁判文书进行了初步规范，意味着裁判文书网上公开制度建设已经正式开始。

2010年《互联网公布裁判文书规定》发布后，一些地方的中级和高级人民法院也开始在各自的法院网站有选择性地公布部分裁判文书。据学者统计：在2011年到2013年之间"北大法宝"收录的结案文书数量从40多万份攀升到了近百万份，增长了一倍多。[1]

（三）全面推进阶段

2013年，最高人民法院发布了《关于在中国裁判文书网站

---

[1] 马超、于晓虹、何海波："大数据分析：中国司法裁判文书上网公开报告"，载《中国法律评论》2016年第4期。

平台公布的裁判文书的格式要求及技术处理规范》。其对在互联网上公布的裁判文书的格式（包括文本名称、文本内容、文本格式及相关信息技术处理的方式）进行了明确的规范，促进了裁判文书网上公开的规范化。

同年 11 月 21 日，最高人民法院修订了 2010 年《互联网公布裁判文书规定》。2013 年《互联网公布裁判文书规定》发布后，北大法宝的裁判文书收录数量直线上升，一年时间增长了 2 倍，2014 年的收录量为近 300 万份。[1]

其在原有规定的基础上指出由最高人民法院在互联网设立中国裁判文书网，统一公布各级人民法院的生效裁判文书，这标志着我国正式建立了裁判文书网上公开平台，正式建立了裁判文书网上公开制度。该规定要求，各级人民法院应当指定专门机构负责互联网公布裁判文书的管理工作，同时对其在中国裁判文书网公布的裁判文书质量负责。相较于《互联网公布裁判文书规定》，其在裁判文书公开范围、裁判文书公开要求以及法院对裁判文书的公开管理方面更加明确。

2016 年 8 月 29 日，最高人民法院对《互联网公布裁判文书规定》进行了修订。其明确了十类裁判文书应当在互联网进行公开[2]，同时修改了关于不在互联网公开裁判文书的情况，增加

---

[1]　马超、于晓虹、何海波："大数据分析：中国司法裁判文书上网公开报告"，载《中国法律评论》2016 年第 4 期。

[2]　《互联网公布裁判文书规定》第 3 条规定："人民法院作出的下列裁判文书应当在互联网公布：（一）刑事、民事、行政判决书；（二）刑事、民事、行政、执行裁定书；（三）支付令；（四）刑事、民事、行政、执行驳回申诉通知书；（五）国家赔偿决定书；（六）强制医疗决定书或者驳回强制医疗申请的决定书；（七）刑罚执行与变更决定书；（八）对妨害诉讼行为、执行行为作出的拘留、罚款决定书，提前解除拘留决定书，因对不服拘留、罚款等制裁决定申请复议而作出的复议决定书；（九）行政调解书、民事公益诉讼调解书；（十）其他有中止、终结诉讼程序作用或者对当事人实体权益有影响、对当事人程序权益有重大影响的裁判文书。"

了"离婚诉讼或者涉及未成年子女抚养、监护的"等规定，对互联网公布裁判文书的技术化处理进行了细化，同时明确了最高人民法院、高级人民法院、中级人民法院对裁判文书网上公开的监督指导权力。目前新修订的《互联网公布裁判文书规定》是我国最详细的裁判文书网上公开规范。

二、裁判文书网上公开制度立法发展评析

裁判文书网上公开有助于倒逼法院提升审判公正性与文书质量，此外还可以借此揭开司法的神秘面纱，拉近司法与公众的距离，收获更大的社会影响。[1]我国裁判文书网上公开制度随着科技的发展，从无到有。目前，中国裁判文书网公开了 120 488 875 篇裁判文书，访问总量达 64 164 002 254 次。[2]而裁判文书网上公开制度的发展不仅是数量和访问总量的发展，我国裁判文书公开制度在这一过程中也有了全面的发展。

（一）裁判文书公开的范围扩大化

在裁判文书网上公开制度发展之初，最高人民法院只要求各级人民法院有条件地利用互联网对裁判文书予以公开。基于此，实践中也仅有"中国涉外商事海事审判网""中国知识产权裁判文书网""北京法院网"等为数不多的法院对裁判文书进行了互联网公开，且主要集中于高级人民法院和中级人民法院。此时，裁判文书网上公开属于法院的个别性选择，公开的裁判文书也不全面。随着立法的发展，裁判文书网上公开制度被正式确立，裁判文书网上公开工作全面推进，除非遭遇不应当进行裁判文书网上公开的情况，否则各级人民法院的裁判文书均

---

〔1〕 马超、于晓虹、何海波："大数据分析：中国司法裁判文书上网公开报告"，载《中国法律评论》2016 年第 4 期。

〔2〕 数据截至 2021 年 6 月 25 日。

应当在网上公开，公开的裁判文书主体、范围和种类都有所扩大。目前，刑事、行政、民商事、知识产权等案件的生效判决文书和裁定文书均在公开范围内。

2016年修订的《互联网公布裁判文书规定》扩大了裁判文书公开的范围，并对范围通过详细列举的方式进一步细化，对不予公开的情况也尽可能作出明确规定，使法院在网上公开裁判文书时能够尽可能标准统一化。基于法律的滞后性，《互联网公布裁判文书规定》也规定了兜底条款"其他不宜在互联网公布的"，以便给司法机关留下自由裁量空间。同时，《互联网公布裁判文书规定》第6条明确规定，"不在互联网公布的裁判文书，应当公布案号、审理法院、裁判日期及不公开理由"，以便于公众对裁判文书进行监督。

（二）裁判文书公开的标准清晰化

裁判文书网上公开的标准随着立法的发展也逐渐清晰、明确起来，在裁判文书网上公开工作推行之初，我国并没有明确、详细规定裁判文书网上公开的范围，例如2010年发布的《互联网公布裁判文书规定》仅在第2条对不应当在互联网公开的裁判文书进行了明确，同时在第3条对应当信息技术处理的内容也进行了明确，但是内容较为粗放，多使用"其他""等"词语。而其他规定也仅是原则性地规定裁判文书网上公开，但是对于具体的范围和标准没有明细化。因此，在实践中，部分省市的人民法院多基于省内裁判文书网上公开的实践情况，制定具体细则，对辖区内各级人民法院裁判文书网上公开予以明确。例如，安徽省高级人民法院于2009年3月2日发布了《裁判文书网上公布试行办法》（皖高法［2009］66号），河南省高级人民法院于2009年10月9日发布了《裁判文书上网公布管理办法》（豫高法［2009］446号），北京市高级人民法院于2010年

5月19日发布了《关于知识产权裁判文书上网的规定》（京高法发［2010］194号）。但是由于缺乏最高人民法院的明确规定，各地的公开标准有所不同。比如，河南省要求裁定书原则上不上网，但包括维持原判的刑事裁定在内的七类裁定书需要上网，未成年人犯罪案件、涉及国家秘密、商业秘密、个人隐私案件的裁判文书以及经批准的特殊情况案件文书不上网。而安徽省则要求七类裁判文书均不上网。2016年修订的《互联网公布裁判文书规定》基于我国裁判文书网上公开实践，对裁判文书公开的范围、标准等均予以明确并细化，促进了裁判文书网上公开的标准化。

（三）裁判文书公布的平台统一化

在中国裁判文书网投入使用之前，我国裁判文书网上公开以地方法院网站为主，或由地方高级人民法院指定网站。这种情况导致访问者难以有效获取裁判文书或者判断裁判文书的来源，并且影响了裁判文书网上公开的效果。裁判文书公开的价值在于提升司法公信力，并通过社会监督保障公民权利，而纷繁的裁判文书公开网站影响了裁判文书公开的权威性，且不利于公众及时监督法院司法活动。中国裁判文书网成了我国各级人民法院发布裁判文书的权威网站后，简化了裁判文书网上公开的程序，便利了民众获取裁判文书，有利于司法公信力的提升。

第二节　裁判文书网上公开制度的考察

虽然我国裁判文书网上公开制度已经得到了一定程度的细化，但是目前对于裁判文书网上公开并没有明确的法律层面的规定，主要依据来源于最高人民法院的司法解释。目前裁判文书网上公开的统一平台为中国裁判文书网，有必要对我国裁判文书网上公开制的内容和实践现状予以考察，厘清其现状。

一、裁判文书网上公开制度的内容

目前，我国形成了以 2016 年《互联网公布裁判文书规定》为核心的裁判文书网上公开制度的规范制度。

（一）裁判文书网上公开的主体

2016 年的《互联网公布裁判文书规定》明确规定，中国裁判文书网是全国法院公布裁判文书的统一平台。但是，裁判文书网上公开的主体是各级人民法院，其通过对本院作出的裁判文书进行整理，在中国裁判文书网上公开。根据中国裁判文书网的相关公告，裁判文书库的裁判文书电子版均由相关法院录入和审核，对于相关内容有异议的，可以向公布法院书面申请更正或者撤回，中国裁判文书网仅仅是统一公开裁判文书的平台。

由各级人民法院自己负责法院裁判文书的网上公开，一方面便于法院对裁判文书公开进行统筹协调，提高裁判文书网上公开的效率；另一方面，法院可以更加便利地获得裁判文书电子版，并予以校对，对裁判文书中的错误也可以及时进行更正和处理。

（二）裁判文书网上公开的范围

根据 2016 年发布的《互联网公布裁判文书规定》，我国裁判文书网上公开遵循的是"以公开为原则，以不公开为例外"。原则上十类裁判文书均应当在互联网上公开。具体包括：刑事、民事、行政判决书；刑事、民事、行政、执行裁定书；支付令；刑事、民事、行政、执行驳回申诉通知书；国家赔偿决定书；

强制医疗决定书或者驳回强制医疗申请的决定书；强制医疗决定书或者驳回强制医疗申请的决定书；对妨害诉讼行为、执行行为作出的拘留、罚款决定书；提前解除拘留决定书；因对不服拘留、罚款等制裁决定申请复议而作出的复议决定书；行政调解书、民事公益诉讼调解书；其他有中止、终结诉讼程序作用或者对当事人实体权益有影响、对当事人程序权益有重大影响的裁判文书。

同时，基于国家安全、个人隐私以及未成年人健康成长等因素的考虑，《互联网公布裁判文书规定》明确规定五类裁判文书不应当在网上公开。具体包括：涉及国家秘密的；以调解方式结案或者确认人民调解协议效力的，但为保护国家利益、社会公共利益、他人合法权益确有必要公开的除外；离婚诉讼或者涉及未成年子女抚养、监护的以及人民法院认为不宜在互联网公布的其他情形。

（三）裁判文书网上公开的程序

目前，我国裁判文书网上公开的具体程序包括六个步骤：步骤一，宣判送达，并结案。法官在作出判决后应当依法送达判决文书，并报结案，在结案的时候将电子裁判文书上传至系统，准备制作文书。步骤二，电子文书制作。法官根据《互联网公布裁判文书规定》，对相关信息进行技术化处理，在处理之后进行排版，电子文书制作完成后上传裁判文书。步骤三，决定是否公开文书。需要公开的裁判文书应当提交各级人民法院审判管理办公室或者承担审判管理职能的其他机构进行审核，对于不公开的裁判文书，则需要写明不公开事由，并逐级报批。步骤四，审核裁判文书。负责审核裁判文书的部门对上报的裁判文书进行审核，发现技术处理不当的，应当及时撤回。步骤五，裁判文书互联网公开。将通过审核的裁判文书报送中国裁判文书网进行公开。步骤六，撤回和修正。人民法院需要对裁判文书中的笔误进行补正的，应当及时在互联网公布补正笔误的裁定书，不应该公开的裁判文书在互联网公布的应当及时撤回。

（四）裁判文书网上公开的技术化处理

公布的裁判文书的内容可以包括两部分：第一部分是应当予以公开的内容，通常包括判决理由、适用法律以及判决结果；第二部分则是不能予以公开需要技术处理的内容，包括个人信息、法人信息、涉及商业秘密以及个人隐私的信息等。

对于不同的信息应采取不同的处理方式，对于婚姻家庭、继承纠纷案件中的当事人及其法定代理人；刑事案件被害人及其法定代理人、附带民事诉讼原告人及其法定代理人、证人、鉴定人；未成年人及其法定代理人，应当进行隐名处理。在进行隐名处理时，应当保留姓氏，名字以"某"替代；对于少数民族姓名，保留第一个字，其余内容以"某"替代；对于外国人、无国籍人姓名的中文译文，保留第一个字，其余内容以"某"替代；对于外国人、无国籍人的英文姓名，保留第一个英文字母，删除其他内容；不同姓名隐名处理后发生重复的，通过在姓名后增加阿拉伯数字进行区分。

对于下列信息，人民法院在互联网公布裁判文书时应当予以删除：自然人的家庭住址、通信方式、身份证号码、银行账号、健康状况、车牌号码、动产或不动产权属证书编号等个人信息；法人以及其他组织的银行账号、车牌号码、动产或不动产权属证书编号等信息；涉及商业秘密的信息；家事、人格权益等纠纷中涉及个人隐私的信息；涉及技术侦查措施的信息；人民法院认为不宜公开的其他信息。如果删除信息会影响裁判文书理解，可以用符号"×"作部分替代。

除需要隐名处理的，对于保留当事人、法定代理人、委托代理人、辩护人的部分信息应当保留：当事人及其法定代理人是自然人的，保留姓名、出生日期、性别、住所地所属县、区；当事人及其法定代理人是法人或其他组织的，保留名称、住所地、组织机构代码，以及法定代表人或主要负责人的姓名、职务；委托代理人、辩护人是律师或者基层法律服务工作者的，保留姓名、执业证号和律师事务所、基层法律服务机构名称；委托代理人、辩护人是其他人员的，保留姓名、出生日期、性别、住所地所属县、区，以及与当事人的关系。

（五）裁判文书网上公开的分工和监督

各级人民法院的审判管理办公室或者承担审判管理职能的其他机构负责本院裁判文书网上公开的管理工作，并负责组织、指导、监督、考核本院裁判文书网上公开工作，对于社会公众对裁判文书公开的投诉和意见应当予以协调处理；同时需要协助技术部门，做好技术支持和保障工作。因此，裁判文书网上公开的主要职责是由各法院担负。

最高人民法院负责监督指导全国法院的裁判文书网上公开工作。高级人民法院、中级人民法院监督指导辖区内法院的裁判文书网上公开工作。

二、裁判文书网上公开制度的司法考察

对中国裁判文书网予以考察，笔者发现，目前我国的裁判文书网上公开实践情况如下：

（一）裁判文书网上公开案件范围

中国裁判文书网对于不公开的裁判文书会公布不公开的理由。例如，刘某连、湖北省襄阳市樊城区住房和城乡建设局、湖

北省襄阳市樊城区人民政府其他再审行政调解书[1]明确标明"不公开理由：以调解方式结案的"；原告田某芝；被告范某夏案[2]则标明："不公开理由：离婚诉讼或者涉及未成年子女抚养、监护的"；上诉人黑龙江阳光种业有限公司、山西利马格兰特种谷物研发有限公司等侵害植物新品种权纠纷二审民事案[3]标明："不公开理由：人民法院认为不宜在互联网公布的其他情形"。

对于离婚案件，虽有学者调查认为典型性"离婚诉讼"裁判文书的不公开基本得到了贯彻实施，当事人的个人隐私得到较好保护，但是绝大部分非典型"离婚诉讼"裁判文书仍处于一种公开的状态。[4]而且，《互联网公布裁判文书规定》修订后，2017年离婚案件文书数量呈现出下降状态[5]，但是根据笔者的调研，不论是典型性"离婚诉讼"还是非典型性"离婚诉讼"，依然有大量裁判文书处于公开状态。例如李某光与张某离婚纠纷再审民事判决书[6]，其中涉及双方的感情经历，子女抚养等个人隐私信息，且双方当事人和与案件有关联的亲属姓名均未被技术处理。涉及子女抚养和监护案件的裁判文书亦在未进行技术处理的情况下被大量公开。例如，陈某大与柯某监护权纠纷二审民事判决书[7]、赵某珍与赵某保合同纠纷二审民

---

[1]　[2019]最高法行再182号。

[2]　[2021]鲁0191民初3721号。

[3]　[2020]最高法知民终1000号。

[4]　侯学宾："裁判文书'不公开'的制度反思——以离婚诉讼为视角"，载《法学》2020年第12期。

[5]　邹劭坤、侯晓焱："民法典时代我国公开裁判文书个人信息保护提升路径"，载《法律适用》2020年第20期。

[6]　[2015]内民抗一字第00025号。

[7]　[2016]陕09民终503号。

事判决书〔1〕。其中涉及大量当事人的个人隐私信息，比如残疾情况、精神状况等，裁判文书的公开对个人隐私的保护是极为不利的。

(二) 裁判文书网上公开的类型

根据中国裁判文书网的公开数据，截止到 2021 年 7 月 3 日，中国裁判文书网的民事文书占了大多数，占总文书数量的 62.32%；刑事文书占总文书数量的 7.74%；行政文书占总文书数量的 2.56%；赔偿文书占总文书数量的 0.12%；执行文书占总文书数量的 26.69%；其他文书占比 0.57%。有学者认为，法院这几年为"基本解决执行难"，进行执行攻坚，产生了大量执行文书。〔2〕

---

〔1〕 [2018] 晋 09 民终 340 号。

〔2〕 杨金晶、覃慧、何海波："裁判文书上网公开的中国实践——进展、问题与完善"，载《中国法律评论》2019 年第 6 期。

表4-1　中国裁判文书网的案件类型与文书类型

文书类型	民事	刑事	行政	执行	赔偿	管辖案件	其他						合计	文书类型占比
							区际司法协助案件	国际司法协助案件	非诉保全审查案件	司法裁判案件	强制清算与破产案件	其他		
裁决书	33 518 115	6 537 550	801 603	27 974	33 058	1770	0	0	0	795	334	57	40 921 256	33.82%
裁定书	27 642 690	2 671 615	2 257 029	25 567 966	44 252	565 938	0	0	1086	0	63 806	39	58 814 421	48.61%
调解书	12 478 077	8758	4442	24 606	976	77	0	0	0	0	15	1	12 516 952	10.35%
决定书	40 746	55 222	1712	514 331	57 898	35 093	0	1	1	1762	255	204	707 225	0.58%
通知书	190 057	59 207	14 022	4 951 930	4081	842	0	0	53	7	226	44	5 220 470	4.31%
令	189 786	103	12	76 907	16	4	0	0	0	0	2	0	266 830	0.22%
其他	1 344 563	36 360	13 832	1 127 031	4404	13 363	0	1	0	1	345	2	2 539 901	2.10%
合计	75 404 035	9 368 815	3 092 652	32 290 745	144 685	617 087			1140	2565	64 983	347	120 989 705	
案件类型占比	62.32%	7.74%	2.56%	26.69%	0.12%				0.57					

从文书类型来看，判决书和裁定书是裁判文书的主要文书类型，二者合计占总文书量的 82.43%，裁定书更是几乎占到了文书量的一半。裁定文书类型包括不予受理、驳回起诉、准许撤诉、移送管辖、中止或者终结审理、准予执行行政行为等。[1]

(三) 裁判文书网上公开的内容

从裁判文书的具体内容来看，判决书和裁定书包含诉讼当事人和参与人信息、基本案情、法院的事实认定和说理以及裁判结果。可以公开的调解书一般包含诉讼当事人和参与人信息、法院的事实认定，调解结果。决定书、裁定书包含案件基本情况和决定结果。

判决书和调解书相较于其他文书类型，对法官提出了更高的要求。但是，从中国裁判文书网对裁判文书的考察可知，目前我国裁判文书（尤其是判决书和裁定书）存在着说理逻辑性不强、说理较为简单的问题。例如，张某波与张某安追偿权纠纷一审民事判决书[2]，在判决中在写明原告诉讼请求之后，直接套路式阐述本院认定事实"以上事实有借款合同、借据、还款保证书、收条等证据予以证实"，并没有充分说明事实认定理由。之后依照本院认定部分也用一句话"原告作为担保人在承担担保责任后享有向被告追偿的权利。故原告的合理诉讼请求，本院予以支持"进行了认定，并没有明确说明为何相关证据可以认定事实，以及如何根据法律和事实推论出判决理由和认定结果。

这并不是个案，在我国的司法实践中，部分裁判文书并不是先写出法律依据后列出认定的案件事实，而是把案件事实的

---

〔1〕 杨金晶、覃慧、何海波："裁判文书上网公开的中国实践——进展、问题与完善"，载《中国法律评论》2019 年第 6 期。

〔2〕 ［2021］鲁 1621 民初 2318 号。

阐释置于开端，至于法律依据，在断定诉讼请求后才被提及，这明显违反了司法三段论形式的结构顺序[1]，也导致了说理逻辑不强，裁判文书说服力不强等问题。

（四）裁判文书网上公开的及时度

在裁判文书网上公开制度中，裁判文书上传是否及时和裁判文书技术处理是否恰当对于裁判文书网上公开而言极为重要。

《互联网公布裁判文书规定》第7条规定："发生法律效力的裁判文书，应当在裁判文书生效之日起七个工作日内在互联网公布。依法提起抗诉或者上诉的一审判决书、裁定书，应当在二审裁判生效后七个工作日内在互联网公布。"这相较于2010年所规定的裁判文书生效之日起30日内完成网上公开已经有不小的进步。但是，根据笔者的调研和对部分法官的访谈，目前法院多难以达到裁判文书网上公开的时间要求，更新延迟是常态。为进一步了解目前法院公开裁判文书的时间情况，笔者以2021年1月4日高级人民法院作出的终审判决裁判文书为研究对象，发现部分裁判文书存在延迟公布的情况。例如，武汉嬉空间古田艺术中心管理有限公司与上海凛溢投资合伙企业、上海银行股份有限公司漕河泾支行等金融借款合同纠纷二审民事判决书[2]，其裁判日期为2021年1月4日，但是该案件的裁判文书直到2021年1月21日才予以公开。在13个案件中，仅有2个案件的裁判文书在7个工作日内在互联网进行公开，其他裁判文书分别拖延1周至2个月不等。根据学者的考察，2017年，年末和季末集中上传裁判文书的现象比较普遍，30日内上传的文书占比依然较低（30%左右），有部分文书是在作出1年

---

[1] 金彦宇："民事裁判文书说理的反思与重构"，载《洛阳理工学院学报（社会科学版）》2019年第3期。

[2] ［2020］沪民终585号。

后才上传的。[1]

（五）裁判文书网上公开的技术处理

虽然《互联网公布裁判文书规定》明确规定了个人隐私信息的技术处理，但是在实践中仍然存在个人信息未被彻底技术处理的情况。例如，南通市崇川区人民检察院诉被告人杨某华交通肇事罪一审刑事判决书[2]中出现了"证人张金萍、陆某、张某等人的证言"，崔喜清持有的手机号 139×××9501 自 2019 年 5 月 8 日至 7 月 31 日期间的通话基站多次显示在孟连县勐波清水河、孟连县、娜允镇、景洪市嘎洒镇等地；崔某清、范某哲走私、贩卖、运输、制造毒品、过失致人死亡二审刑事裁定书[3]中出现了"范某哲持有的手机号自 2019 年 7 月 23 日至 7 月 31 日期间的通话基站多次显示在景洪市、勐海县、澜沧县、孟连县那阳、澜沧南鹏、孟连勐阿等地"这一对手机号码信息没有进行技术处理的描述。在离婚案件的判决书中，还存在在正文进行隐名而在文书标题中则采用实名的现象。

从学者考察来看，"家庭住址"这一项披露最多，其次分别为银行卡号码屏蔽的问题、文书和车牌号码屏蔽问题，其余依次为身份证号码、动产与不动产权属证书编号，包含手机号、电子邮箱等在内的通信方式。[4]

三、裁判文书网上公开制度存在的问题

从立法和实践角度对当前裁判文书上网制度进行考察，发

---

[1] 杨金晶、覃慧、何海波："裁判文书上网公开的中国实践——进展、问题与完善"，载《中国法律评论》2019 年第 6 期。

[2] ［2021］苏 0602 刑初 139 号。

[3] ［2020］云刑终 1195 号。

[4] 参见邹劭坤、侯晓焱："民法典时代我国公开裁判文书个人信息保护提升路径"，载《法律适用》2020 年第 20 期。

现我国目前裁判文书网上公开依然存在一定的问题。

（一）即时性欠缺

裁判文书未按规定时限上网公布，不能及时供公众查阅。相对于制定法而言，时效性是裁判文书和案例的优势所在。裁判文书上网公开的目的之一就是便于当事人和社会大众及时了解法院对案件的裁判结果，以便于及时进行参与、监督，也便于其他法院避免对类似案件作出差距较大甚至矛盾的裁判，确保法院适用法律的统一。但由于受到主客观因素的影响，裁判文书上网公布不够及时，有的法院网上公开的裁判文书从判决到上网所用的时间周期较长，且更新频率较低，半年甚至更长的时间更新一次，往往导致社会公众无法在第一时间查阅相关法律文书。这大大降低了裁判文书网上公开的效用。

（二）文书公开方式较为单一

从域外经验来看，公开的文书种类并不仅限于裁判文书，还应当包含证据目录、庭审记录、判决摘要等，这导致公众仅凭裁判文书难以全面了解案件审理过程，也无法满足公众对司法知情权的需求。

同时，目前中国裁判文书网站仅提供单一的裁判文书查阅，公众欲查询到特定裁判文书需要花费大量的时间和精力，且对于案情复杂的案件，阅读裁判文书的说理部分需要翻阅前期繁长的案情，给公众阅读裁判文书制造了一定困难。因此，裁判文书网上公开之后，其并未收获预期的影响，甚至被学者批评裁判文书网上公开更像是法院系统内部的"自娱自乐"，其对社会公众的作用并不大，特别是此前对此颇为关注的法律专业人士，并没有体验到预期的功能价值。

笔者认为，造成这一问题的原因包括两个方面，普通民众由于缺乏基础法律知识，往往难以理解裁判文书，对于与自己无关的裁判文书案例也多难以进行关注。另一方面，对于需要查询的人群而言，由于网上裁判文书的数量较大，裁判文书网站虽然提供相应的检索功能，但是目前大都缺少丰富的关键词和案情总结，查询到自己所需要的裁判文书实非易事。并且，由于目前裁判文书网的运行仅是单方面的信息传递，既没有交流反馈平台，也没有提供案件的重点、难点解析，使得民众在获取有效信息方面较为困难，也容易导致民众对裁判文书网上公开工作不满。在英国，最高法院会在官网上发布案件摘要，还会提供摘要文书的 PDF 版本以便于媒体和公众了解案件信息，尤其是对于公众而言，可以不必查阅案例全文即可对案件有充分的了解，这是值得我们借鉴的。

（三）裁判文书获取不便利

中国裁判文书网已是"全球体量最大、最有影响力的裁判文书网"[1]，但是在这一网站上获取相关文书，却需要经历较长时间的等待，尤其是在用关键词检索案例后，会遭遇前 10 页案例可以打开，之后的会跳转至第 1 页，需要重新翻页检索的情况。据统计："在检索获取相关文书的过程中，从检索界面跳转到结果界面一般需要花费 5 分钟以上的等待时间；从结果界面到打开个案裁判文书通常也需要 2 分钟至 3 分钟的等待时间。"[2]网友也反映中国裁判文书网经常会出现卡顿加载不出页面的情况。[3]在知乎网上，网友也反映自己遭遇了"添加了两

---

[1] 中国社会科学院国家法治指数研究中心、中国社会科学院法学研究所法治指数创新工程项目组：《中国司法公开第三方评估报告（2018）》，中国社会科学出版社 2019 年版，第 67~70 页。

[2] 杨金晶、覃慧、何海波："裁判文书上网公开的中国实践——进展、问题与完善"，载《中国法律评论》2019 年第 6 期。

[3] "中国裁判文书网非常卡，怎么办？"，载知乎：https://www.zhihu.com/question/264178714，最后访问日期：2020 年 8 月 10 日。

三个关键字就显示系统繁忙，请您稍后再试……""永远都显示'系统繁忙，请您稍后再试'""多次出现网页打不开，网页能打开但没有搜索框的情况"[1]等问题。

另外，目前的中国裁判文书提供检索功能，登录用户可以通过案件名称、关键词、案由、案号、法院名称、审判人员姓名、当事人、律师、法律依据等信息进行检索，但是在实践中却出现了输入相关信息无法检索案例的情况。有登录用户表示："关键词完全正确，根本搜不到这个案子。用案号就别说了，没有一次搜出来过。"笔者尝试用案号或者当事人姓名进行搜索，却发现同一案件出现用案号搜索不到，可以用当事人姓名搜索到，或者用当事人姓名搜索不到，用案号可以搜索到的情况。并且，"不少高级检索事项或有缺陷或被虚置，无法通过这些选项实现有效检索"。[2]

（四）隐私保障不到位

针对裁判文书是否要全面网上公开以及个人隐私的保护边界，目前学界仍有争议。[3]但是，即使法院能够对案件涉及的个人信息进行技术处理，在当前大数据环境下，依然可以通过其他信息索引，进而获取案件当事人的相关信息。例如，在一起抢劫案中，公开判决书几乎彻底隐去了被害人姓名，但其中记载了被害人施某是该省交通厅厅长。新闻记者结合这些额外的信息完成了被抢劫家庭的身份信息识别。[4]而且，目前的

---

〔1〕　"中国裁判文书网非常卡，怎么办？"，载知乎：https://www.zhihu.com/question/264178714，最后访问日期：2020年8月10日。

〔2〕　杨金晶、覃慧、何海波："裁判文书上网公开的中国实践——进展、问题与完善"，载《中国法律评论》2019年第6期。

〔3〕　参见侯学宾："裁判文书'不公开'的制度反思——以离婚诉讼为视角"，载《法学》2020年第12期。

〔4〕　邹劭坤、侯晓焱："民法典时代我国公开裁判文书个人信息保护提升路径"，载《法律适用》2020年第20期。

规定仅要求对裁判文书进行技术处理，但是对于技术处理不到位的情况并没有规定处理办法，对于因法院信息技术处理不到位而给案件当事人带来的权益损害也没有明确规定相应的法律责任。

（五）审查程序不严

法官员额制改革后，裁判文书未经严格审核即上网公布，严重影响了裁判文书的权威性。裁判文书上网前的严格审查是防止当事人的隐私、国家机密及公司商业秘密等信息外泄的有效保障。但在司法实践中，裁判文书网上公开还处在摸索阶段，对于上网的裁判文书由谁进行审查、如何进行审查，尚缺乏统一的规范。有的是由主审法官进行审查，有的是由合议庭成员进行审查，有的是由书记员进行审查，有的甚至是由审判法庭以外的部门、专人进行审查。众多的审查主体，势必造成对裁判文书上网的审查不够详尽。由于法官法律素养的高低有别，同一类型的裁判文书适用的法律却有所差异。法律适用的不同，往往又会导致裁判结果的迥异抑或相反。对于这些问题，由于审查不严，往往不能及时发现，以至于引起当事人和社会公众对法院裁判的质疑，从而损害裁判文书的权威性，影响了裁判文书公开的效果。

（六）与舆论监督的关系尚未理顺

裁判文书上网公布后，对于裁判文书引起的社会舆论，如何进行回应、对裁判文书存在的问题如何进行监管，尚存在诸多缺陷和不足。面对新媒体时代网络舆情的复杂多变，裁判文书上网公开对于调处社会矛盾纠纷的法院而言无疑是历史性的考验与挑战。就诉讼标的而言，各地法院适用的标准亦大相径庭，裁判者据此作出的判决也不甚相同，如何应对别有用心者利用裁判文书标准的差异恶意炒作来达到其干预司法裁判的卑劣目的，是法院和裁判者亟须面对的困难。另外，裁判文书上网公布后必然会遭到社会公众的品头论足，如何积极予以回应，也是社会公众对司法的热切期盼，但就目前的形势来看，各地法院似乎还欠缺这方面的准备。一旦网上公开的裁判文书出现问题，法院往往会无所适从，不能有效地化解社会各界的质疑。

上述监管缺失问题给不法当事人利用媒体炒作留下了可乘之机。裁判文书网上公开发布后，如何应对互联网的舆论监督、如何在审判权独立与媒体的舆论监督之间寻求平衡点，切实维护社会的公平与正义，是司法为民的迫切需求。面对复杂多变的网络舆情，我国目前尚缺乏一支法律素养高、专业技术强的司法队伍，对于热点、难点问题，社会普遍关注的民生案件尚无法作出积极应对。[1]

第三节　裁判文书网上公开制度的完善建议

一、完善裁判文书监督程序

根据当前的规定，最高人民法院监督指导全国法院的裁判文书网上公开工作。高级人民法院、中级人民法院监督指导辖区内法院的裁判文书网上公开工作。各级人民法院审判管理办公室或者承担审判管理职能的其他机构负责本院的裁判文书网上公开管理工作，并组织、指导、监督、考核裁判文书网上公开工作。但是，在实际运行中，各个法院的工作机制也不相同，有的是由业务庭法官上传，审管办进行监督与统计；有的则是

---

〔1〕赵红星、李君剑："裁判文书网上公开现状探析及公开方向论证"，载《河北法学》2015 年第 12 期。

业务庭法官直接将裁判文书交给审管办，由审管办统一进行技术处理并上传；也有的法院是审管办在进行信息处理之后将文书移送给业务庭法官，由业务庭法官上传。[1]这种机制上的不合理性也在一定程度上导致了当前裁判文书信息处理的疏漏。

笔者建议，裁判文书的监督工作应当交由各个法院的审管办负责，中级人民法院、高级人民法院、最高人民法院的监督则侧重于阶段性监督，可以采用抽查、评比等方式，督促法院在上传裁判文书时完成技术要求。而对于法院内容，建议由业务庭法官助理进行技术处理，之后移交审管办核查后进行上传。

同时，目前的裁判文书网上公开工作仅由法院内部进行监督，基于此，可以引入第三方监督机制。比如，在中国裁判文书网设置留言意见反馈栏，而各个法院也应当定期发布裁判文书上网工作报告，通过内部和外部双重监督机制督促法院提升裁判文书网上公开质量。

二、加强裁判文书上传的时效性

（一）取消裁判文书网上公开的前提条件

我国裁判文书上传及时性欠佳的原因是多方面的，其中法官欠缺上传裁判文书积极性是原因之一。为此有必要进一步完善裁判文书网上公开的考核机制，督促法官及时上传。此外，可以建立一定的激励机制，提高法院裁判文书上传的积极性。比如，高级和中级人民法院可以按照季度对裁判文书的上网及时度、裁判文书质量进行评比奖励。

此外，裁判文书网上公开必须以生效为前提也影响了裁判文书上网的时效性。根据现有规定，上诉、抗诉的案件的一审

---

[1] 参见马超、于晓虹、何海波："大数据分析：中国司法裁判文书上网公开报告"，载《中国法律评论》2016年第4期。

文书要等二审裁判生效后方可公布，这严重阻碍了裁判文书的及时公开。对此我们可以借鉴美国的制度。美国作为判例法国家，非常注重裁判文书上传的及时性，规定法院在判决后就可以将文书上网公开。因此，在实践中，法院往往在判决当天就将文书上传网络，有的甚至判决10分钟后便已公布。可见，想要真正提高裁判文书公开的及时性，可以取消裁判文书的公开条件，不必等到文书生效，法院作出判决并宣告后可以立刻将信息处理完毕后的文书上传。

（二）规定特殊案件公开时限延长机制

即便取消了文书上传的前提条件，但考虑到可能存在信息难以处理、争议较大的复杂案件，7个工作日内无法完成技术处理并上传网络的，可以由承办法官向院长申请延期上网。院长接到申请后，应结合案件详情，认为确有延期上传必要的批准延期，并将相关情况向上级法院报备。经审查确无延期必要的，不予批准。

三、加大当事人隐私权保护

（一）根据案件性质确定是否公开当事人姓名

《民法典》人格权编规定，姓名因具有明显识别性，被明确列入受到保护的个人信息之列。笔者认为，有必要对裁判文书中当事人的姓名进行重新思考。实践中，结合当事人姓名、案件与审判法院，想要掌握当事人身份信息并非难事。因此，隐匿当事人姓名是必要的。此外，扩大隐名文书范围并不意味着所有案件都应匿名处理，对于"法人或其他组织"和"社会影响恶劣的刑事被告人"，出于公共安全的需求和对当事人的惩戒、明示目的，仍然应当公开其姓名。在除此之外的一般案件中，当事人的姓名对案件本身的影响微乎其微，原则上无保留必要。综上，在裁判文书公开中，笔者认为调整为"以隐匿当事人姓名为原则，以公开当事人姓名为例外"更为合理。

（二）强化文书隐名校对工作

同时，目前各地法院陆续建立了内部文书校对机制，但是该校对机制重点针对文书中的低级错误，对隐名校对工作关注甚少。此外，由于案多人少，人工校对难免出错。考虑到隐私信息处理不当的文书上传网络后会产生的不良后果，建议法院提升对隐名部分的校对的重视，适当加大人力、财力，同时保证工作人员具有较高的专业素质，提升文书校对准确率。

（三）赋予当事人异议权

裁判文书网上公开制度的落脚点是保证个案的公平正义。因此，为了充分保障当事人的利益，笔者认为，可以不赋予当事人决定公开裁判文书的权利，但是应当给予当事人异议权。具体而言，为了在出现错误时将侵害最小化，给予当事人异议权是合理的。此外，当事人对文书中所含的个人信息还应享有主张查询、补充、更正、保密、封锁和删除的权利。法院认为当事人的请求合理、正当的，均应予以支持。

（四）完善事后救济机制

法院应当建立文书公布后的信息泄露反馈机制。公民在因文书中个人信息泄露受到损害时，可以第一时间向平台报备，寻求帮助；在接到帮助请求后，平台应立刻启动文书撤回流程，并利用内部系统追查窃取个人信息的服务器 IP 地址，及时追查到侵权行为人并反馈给公民。此外，为了充分完善当事人隐私权利保障机制，对于法院及其他主体不遵守相应规则或规定而做出的侵权行为，如果公民有证据证明因法院或其他主体对信息处理不善导致个人隐私权益严重受损，可以借助法律来维护自己的权益。

四、提高上传文书质量

校对文书是保证文书内容准确的重要一步。笔者认为，我国可采用电子校对与人工校对相结合的文书校对方法。首先，由最高人民法院规定各地方法院采用统一的文书校对软件，利用电脑技术减少文书错误。这种方式能够大大提高校对工作的效率，降低低级拼写错误的出现概率。现在有很多软件程序都包含拼写检查功能，可以筛选出一个比较稳定、智能的软件，统一适用，缓解校对工作压力，提高文书质量。但是，这种程序也存在致命弱点，即软件无法识别意思上的错误。可见，单纯依靠科技软件是不行的，人工校对仍有存在的必要。我们可以先用电子程序校对文书，再由人工二次校对，这样既能提高文书内容的精准度，也能有效缓解人工校对工作的工作量。

五、建立裁判文书网上公开的保障机制

裁判文书网上公开之后很可能会引起舆论讨论并受到社会的广泛关注。例如，浙江省湖州市南浔区人民法院曾对一起强奸案使用了"临时起意"措辞，被一网民以"临时性强奸"为题发帖，引起了轩然大波。而在韩某坤、李沧区多美好批发超市产品责任纠纷二审民事判决书〔1〕中，法官通过层层递进的说理方式和通俗易懂的语言，用五个部分来论证"为何支持十倍赔偿诉请"。这一案件的说理部分获得了网友好评。对于如何处理、协调社会对裁判文书的意见和投诉，我国目前没有明确规定，而在中国裁判文书网上也缺乏相应的板块。因此，应当在裁判文书网建立相应的点评版块，允许公众对裁判文书进行点

---

〔1〕　〔2019〕鲁 02 民终 263 号。

评反馈。同时，由于中国裁判文书网仅是裁判文书的发布平台，无法处理公众对裁判文书的投诉意见，因此可以在各个法院的官方网站设置相应的裁判文书意见反馈板块，由网站负责办公室进行定期收集与解答。

与激励机制并存的是惩罚机制。自从法官出现后，就有两个问题伴随左右：一是法官可能因腐败而致使司法失去公正；二是法官始终在忠于法律和创造法律之间进行选择。[1]对于出现问题的裁判文书（比如，应当技术化处理未进行处理，不应当上网而公开并给国家、社会、他人带来重大不良影响的），应当给予法官相应的惩戒，但是惩戒应当以造成严重后果为界限。

裁判文书的内容不仅包括案件事实、裁判文书的说理、法律适用，还包含有当事人的基本信息，甚至当事人的隐私、国家机密及公司的商业秘密。对于哪些属于公开的范围、哪些不应公开没有一个明确的规定，法官把关也不严。如刑事案件的裁判文书中包括案件事实的描述，要求对犯罪的时间、地点、作案方式、过程等描述得非常清楚。这样就会产生一个问题，那就是如果有不法分子想作案，从网上找到相关的案件，拿着以前的案件来研究，就可以进行模仿。再如，民事案件中涉及当事人关系、争议的民事权利义务等，这些都是涉及当事人隐私的问题，网上公开裁判文书可能会涉及公开当事人的隐私，从而给其带来不利的后果。在1年来的裁判文书上网公开司法实践中，当事人与法院发生纠纷时有发生，称不该公开的信息及文书法院公开了，侵犯了当事人的隐私权，让法官无所适从。

---

〔1〕 吴庆宝：《裁判的理念与方法》，人民法院出版社2004年版，第198页。

互联网环境下的民事执行公开

民事执行公开是指人民法院将民事案件执行过程和执行程序公开。民事执行公开是司法公开的重要组成部分。2006 年 12 月 23 日最高人民法院发布《关于人民法院执行公开的若干规定》后,全国各级人民法院积极推进执行公开。近年来,随着互联网的发展和广泛应用,有越来越多的法院开始利用互联网来推行执行公开,并取得了良好成效。但是,受制于法律、理念、技术等方面的限制,利用互联网推行执行公开也面临着诸多困境,亟待解决。

第一节 我国法院运用互联网推行执行公开的现状

一、立法现状

(一)法律层面

《民事诉讼法》第 10 条规定:"人民法院审理民事案件,依照法律规定实行合议、回避、公开审判和两审终审制度。"第 137 条规定:"人民法院审理民事案件,除涉及国家秘密、个人隐私或者法律另有规定的以外,应当公开进行。离婚案件,涉及商业秘密的案件,当事人申请不公开审理的,可以不公开审理。"第262条规定:"被执行人不履行法律文书确定的义务的,人民法院可以对其采取或者通知有关单位协助采取限制出境、在征信系统记录、通过媒体公布不履行义务信息以及法律规定的其他措施。"从上述规定可以看出,《民事诉讼法》确立了公开审判制度,但并未明确规定执行公开,仅就通过征信系统、媒体公布被执行人不履行义务信息进行了规定。

(二) 司法解释层面

2006年以来,最高人民法院制定了一系列司法解释和规范性文件,建立了执行公开制度,并就利用互联网推进执行公开作了具体、明确的规定,促进了互联网在执行公开中的应用,有效推进了执行公开。

2006年12月23日,最高人民法院发布的《关于人民法院执行公开的若干规定》第2条规定:"人民法院应当通过通知、公告或者法院网络、新闻媒体等方式,依法公开案件执行各个环节和有关信息,但涉及国家秘密、商业秘密等法律禁止公开的信息除外。"该文件明确规定法院应当通过网络公开案件执行各个环节和有关信息,并就执行公开的时间、范围、内容和方式作了详细规定,建立了执行公开制度,为法院推行执行公开提供了依据,也开启了法院利用互联网开展执行公开的进程。

2008年11月3日,最高人民法院发布的《关于适用〈中华人民共和国民事诉讼法〉执行程序若干问题的解释》第39条第1款规定:"依照民事诉讼法第二百三十一条的规定,执行法院可以依职权或者依申请执行人的申请,将被执行人不履行法律文书确定义务的信息,通过报纸、广播、电视、互联网等媒体公布。"该司法解释就法院通过互联网公布被执行人不履行法律文书确定义务的信息作了规定。

2009年12月8日,最高人民法院发布《关于司法公开的六项规定》。该文件规定法院应将执行的依据、标准、规范、程序以及执行全过程向社会和当事人公开，应进一步健全和完善执行信息查询系统，扩大查询范围，为当事人查询执行案件信息提供方便，从而就法院开发和利用网络查询系统推行执行公开提出了要求。

2010 年 10 月 20 日，最高人民法院发布《司法公开示范法院标准》，规定法院应在法院网站公开执行案件的立案标准、收费标准、执行风险、执行规范、执行程序等信息，在执行案件信息查询系统中公开当事人情况、立案信息、被执行财产信息、执行过程中形成的法律文书、执行中止情况和理由、结案信息、执行异议信息以及变更、追加被执行人阶段的听证信息等，应通过报纸、网络等媒体公布不履行法律文书确定义务的被执行人的基本信息、财产状况、执行标的等信息。

2010 年 11 月 21 日，最高人民法院发布《互联网公布裁判文书规定》，规定各级人民法院可以在互联网公布裁判文书，并规定最高人民法院应建立全国统一的裁判文书网站。同时，该文件还就裁判文书公开的原则、不得公开的情形、裁判文书的技术处理、公开时限、职责分工等做了具体规定。该文件的发布，为法院利用互联网公开裁判文书提供了依据。2013 年 11 月 21 日，最高人民法院发布了修订后的《互联网公布裁判文书规定》。该文件与前一文件相比，将裁判文书网上公开的要求由"可以"变为"应当"，规定法院应当将生效裁判文书在互联网进行公布，并规定独任法官或者合议庭认为裁判文书具有不宜在互联网公布的情形时应当提出书面意见及理由并提交部门负责人审查后报主管副院长审定；将裁判文书公开的时限从裁判文书生效之日起 30 日内修订为裁判文书生效后 7 日内；就公开裁判文书的技术处理作了更为具体、明确的规定。2016 年 8 月

29 日，最高人民法院再次修订发布《互联网公布裁判文书规定》，细化了裁判文书网上公开的范围，进一步明确了裁判文书不公开的例外情形，进一步细化和明确了裁判文书公开时的技术处理规则。

2013 年 7 月 16 日，最高人民法院发布《关于公布失信被执行人名单信息的若干规定》，规定各级人民法院应当将失信被执行人名单信息录入最高人民法院失信被执行人名单库，并通过该名单库统一向社会公布；各级人民法院可以根据各地实际情况，将失信被执行人名单通过报纸、广播、电视、网络、法院公告栏等其他方式予以公布，并可以采取新闻发布会或者其他方式就本院及辖区内法院实施失信被执行人名单制度的情况定期向社会公布。

2013 年 11 月 21 日，最高人民法院发布《关于推进司法公开三大平台建设的若干意见》，提出全面推进审判流程公开、裁判文书公开、执行信息公开三大平台建设，规定人民法院应当整合各类执行信息，方便当事人凭密码从执行信息公开平台获取信息；充分发挥执行信息公开平台对失信被执行人的信用惩戒功能，向公众公开执行信息；为各类征信系统提供科学、准确、全面的信息，实现执行信息公开平台与各类征信平台的有效对接。2017 年 2 月 28 日，最高人民法院发布了修订后的《关于公布失信被执行人名单信息的若干规定》，规定各级人民法院应当将失信被执行人名单信息录入最高人民法院失信被执行人名单库，并通过该名单库统一向社会公布；各级人民法院可以根据各地的实际情况，将失信被执行人名单通过报纸、广播、电视、网络、法院公告栏等其他方式予以公布，并可以采取新闻发布会或者其他方式就本院及辖区法院实施失信被执行人名单制度的情况定期向社会公布。

2014 年 9 月 3 日，最高人民法院发布《关于人民法院执行流程公开的若干意见》，要求各级人民法院以本院互联网门户网站（政务网）为基础平台和主要公开渠道，辅以手机短信、电话语音系统、电子公告屏和触摸屏、手机应用客户端、法院微博、法院微信公众号等其他平台或渠道，将执行案件流程节点信息、案件进展状态及有关材料向案件当事人及委托代理人公开，向公众公开与法院执行工作有关的执行服务信息、执行公告信息等公共信息。

2016 年 8 月 2 日，最高人民法院发布《关于人民法院网络司法拍卖若干问题的规定》，对网络司法拍卖的平台准入规则、运行模式、各主体之间的权责划分、具体的竞拍规则进行了全面、系统的梳理和规范；明确最高人民法院统一建立全国性网络服务提供者名单库，具体个案中由申请执行人选择拍卖平台；明确了网络司法拍卖中人民法院、网络服务提供者、辅助工作承担者各自的职责；明确了一人竞拍有效的原则；通过规则设计努力促成一拍成交，对同一拍卖标的只有无人出价时才再次拍卖；结合网络拍卖的特点，改变了传统的拍卖竞价模式，以充分保证竞买人和优先购买权人的权利；确定了悔拍保证金的处置规则；明确了网络司法拍卖撤销的情形和责任承担；明确了网络司法拍卖中各主体的相关责任，严禁网络服务提供者违规操作、后台操控的行为。2016 年 11 月 25 日，最高人民法院发布公告，将淘宝网、京东网、人民法院诉讼资产网、公拍网、中国拍卖行业协会网等网络服务提供者提供的网络司法拍卖平台纳入名单库。最高人民法院印发《关于进一步规范人民法院网络司法拍卖工作的通知》，就网拍辅助工作、加价幅度等问题进行了明确。

2018 年 11 月 20 日，最高人民法院发布《关于进一步深化司法公开的意见》，要求人民法院主动公开执行信息，逐步推进公开范围覆盖执行各领域，健全完善执行信息公开制度规范，促进统一公开流程标准，确保执行权力始终在阳光下运行；要求法院结合实际，可以通过报刊、广播、电视、网络等公共媒体、人民法院政务网站或其他权威网站平台、人民法院官方微博、微信公众号、新闻客户端等新媒体、诉讼服务网、12368 诉讼服务热线、移动微法院等诉讼服务平台等互联网载体推行执行公开，并在确保信息安全前提下充分运用信息化手段，为当事人或利害关系人获取执行信息提供便利。

（三）地方法院规范性文件层面

为了推进执行公开和落实最高人民法院的相关要求，地方各级人民法院也出台了相关规范性文件，积极利用互联网推行执行公开。

2005 年 7 月 8 日，广东省高级人民法院发布《关于完善执行公开的若干规定（试行）》，规定法院应通过互联网、手机短信、电子触摸屏、传真等电子信息方式及时向当事人和利害关系人公开执行案件的信息，并通过互联网或电子触摸屏就执行过程中形成的法律文书向社会公众公开。

2014 年 7 月 15 日，江苏省高级人民法院发布《关于运用信息技术深化司法公开的若干意见》，提出建设执行信息公开平台，通过短信、电子邮件发送平台向当事人告知执行流程信息，通过互联网公开进行司法拍卖（变卖），通过执行信息公开平台向社会公开执行信息。

2014 年，河北省高级人民法院发布《执行信息公开操作规程》，规定人民法院应当通过诉讼服务大厅、互联网门户网站或微信、微博等方式向社会公开执行信息，应当通过司法公开平台及时、准确地向当事人公开执行案件信息，对于应当在互联网公布的裁定书应当在该裁定书生效后 2 日内按照《互联网公布裁判文书规定》第 6、7 条的规定以及相关规范要求在中国裁判文书网和河北法院司法公开平台公布，各级法院应当按照最高人民法院的相关规定将失信被执行人名单信息录入最高人民法院失信被执行人名单库并通过报纸、网络等媒体和社会信用征信系统公布失信被执行人的基本信息、财产状况、执行标的等情况。

2017 年，重庆市高级人民法院发布《关于执行中司法拍卖若干问题的规定（试行）》，具体规定了执行法官、司法拍卖团队、网络服务提供者和承担司法拍卖的社会机构或者组织在司法拍卖中的职责分工以及网络司法拍卖从拍卖前的准备到第一、二次拍卖等具体的各个程序操作流程和要求。

除了广东省高级人民法院、江苏省高级人民法院、河北省高级人民法院、重庆市高级人民法院外，还有一些高级人民法院乃至中级人民法院、基层人民法院也制定了涉及利用互联网推行执行公开的规范性文件。例如，2018 年 11 月 21 日，辽宁省沈阳市中级人民法院发布《关于执行公开的实施细则（试行）》，规定人民法院通过在官方网站提供查询平台、在诉讼服务中心提供查询服务，向当事人公开执行工作，并逐步实现通过手机、诉讼服务平台、电话语音系统、电子邮箱等辅助媒介向当事人、法定代理人、诉讼代理人主动推送执行案件信息和法律文书；人民法院通过官方网站直接发布或者提供链接，向社会公开执行工作；当事人、法定代理人、诉讼代理人凭当事人的姓名、名称或者身份证件号码、组织机构代码、统一社会信用代码和密码查询执行案件信息和法律文书。2013 年，江西省鹰潭市月湖区人民法院发布《关于执行公开的若干规定》，就利用互联网、手机短信等电子信息方式公开执行信息作了规定。

二、司法实践现状

（一）执行公开平台建设情况

为了更有效地开展执行公开，各级人民法院借助法院门户网站、中国执行公开网、网络司法拍卖平台进行执行公开。通过这些平台，法院可以公开执行信息，当事人或社会公众可以查询部分执行信息。

2009 年 3 月 30 日，最高人民法院开通"全国法院被执行人信息查询"平台，社会公众通过该平台可查询全国法院（不包括军事法院）2007 年 1 月 1 日以后新收及此前未结的执行实施案件的被执行人信息。该平台于 2014 年 11 月改版为"中国执行信息公开网"。

2013 年 7 月 1 日，最高人民法院开通了"中国裁判文书网"，统一公布各级法院裁判文书，社会公众可以通过该平台查询法院包括执行文书在内的法院裁判文书。

2014 年 11 月 1 日，最高人民法院开通了"中国执行信息公开网"。该平台设置了"综合查询被执行人""查询我的案件""执行指南""失信被执行人""限制消费人员""被执行人信

息""财产处置""终结本次执行案件""执行法律文书""公
告"等栏目，可以供社会公众、当事人查询全国法院（不包括
军事法院）的执行案件信息。该平台还与最高人民法院政务网
站、中国裁判文书网、中国庭审直播网、中国审判流程信息公
开网、信用中国网、12368诉讼服务网、全国企业破产重整案件
信息网建立了链接。

　　各级人民法院除依托中国裁判文书网、中国执行信息公开
网以及网络司法拍卖平台开展执行公开外，也在诉讼服务网或
政务网站设置了执行公开栏目，开展执行公开。例如，重庆市
高级人民法院开设的"重庆市人民法院公众服务网"设置了
"司法公开"板块，包括审判流程公开、庭审直播平台、裁判文
书公开、执行信息公开栏目，执行信息公开栏目，还设置了执
行指南、执行风险提示、拍卖公告（链接重庆市高级人民法院
诉讼资产网）、司法拍卖等子栏目。上海市高级人民法院开设的
"上海法院诉讼服务网"设置了"执行公告""失信被执行人"
"限高令""限制出境"等栏目。其中，"失信被执行人""限高

令"栏目直接链接"中国执行信息公开网"。浙江省高级人民法院开设的"浙江法院网"设置了"执行指南""执行线索提供""执行惩戒查询""曝光台查询""终本案件信息查询""拒执制裁信息查询""执行案件信息查询""诉讼资产网"等栏目。其中,"执行惩戒查询""终本案件信息查询"栏目链接"中国执行信息公开网"。

(二) 各级人民法院利用互联网推行执行公开的实践情况

伴随着互联网的发展和广泛应用,各级人民法院纷纷借助互联网开展执行公开。特别是 2006 年最高人民法院发布《关于人民法院执行公开的若干规定》后,各级人民法院加强了政务网站、诉讼服务网、微博、微信等公开平台的建设,并依托最高人民法院的"中国裁判文书网""中国执行信息公开网",积极开展执行公开,加强与社会公众、当事人的沟通、交流和互动。

截至 2021 年 11 月 2 日,各级人民法院上传中国裁判文书网执行文书 33 734 224 份。截至 2021 年 10 月 31 日,中国执行信息公开网公布失信被执行人 6 909 919 名;实施网络司法拍卖总量 963 820 件,总成交金额 17 702.56 元。

除了依托各级人民法院政务网站、诉讼服务网以及中国裁判文书网、中国执行信息公开网等网站进行执行公开外，各级人民法院还广泛利用微信、邮件、网络视频系统等方式实施执行公开。例如，2017 年以来，梧州市苍梧县人民法院执行局设立了"微信执行群"，利用微信执行群解答申请执行人疑惑 900多次，通报执行案件进度 123 次，发布失信名单 5 期，送达执行文书 52 份，组织当事人调解 36 次。[1]2019 年 11 月 27 日，最高人民法院新闻局、最高人民法院执行局、山西省高级人民法院共同举办全国法院第九期"正在执行"全媒体直播活动，山西省 11 地市 133 家法院 2427 名执行干警、501 辆警车奔赴各地执行现场，全面展开执行攻坚行动。本次全媒体直播活动采用

---

〔1〕"苍梧'微信执行'怎么玩转执行"，载《人民法院报》2018 年 11 月 25 日。

电视、网络、移动客户端同步直播，执行直播现场跨越太原、朔州、忻州、阳泉、晋中、临汾、运城、晋城 8 个地市 14 个县区，持续 4 小时不间断直播现场执行实况。全国近百家媒体以及网络直播平台，通过电视、网络和手机 APP 共同参与此次全媒体直播活动，6000 余万人次在线观看直播。[1] 截至 2021 年 7 月 16 日，北京市各级人民法院在"中国裁判文书网"上传执行文书 403 015 份。其中，北京市高级人民法院上传执行文书 1802 份，中级人民法院上传执行文书 37 595 份，各基层人民法院上传执行文书 363 618 份。

第二节　我国法院运用互联网推行执行公开面临的困境

为了更有效地实施执行公开，各级人民法院纷纷借助互联网技术来开展执行公开。利用互联网来实施执行公开，不仅提升了执行公开的广度和深度，而且有效提升了执行公开的效率和效果。但是，受多方面因素的制约，法院运用互联网推进执行公开也面临着诸多障碍。

一、缺乏充分的法律依据

目前，《民事诉讼法》并未就执行公开以及利用互联网推行执行公开作出系统规定，仅个别条文就某些执行信息的公开作了规定。依据《民事诉讼法》第 262 条的规定，人民法院可以通过中国执行信息公开网、诉讼服务网或者其他网络渠道公布失信被执行人员名单。但是，对于人民法院通过互联网发布裁

---

〔1〕 "山西：6000 余万人次观看！执行直播活动引爆网络"，载全国法院切实解决执行难信息网：http://jsjx．court．gov．cn/main/LocalCourt/250817．jhtml，2021 年 10 月 11 日访问。

判文书、通过互联网公开执行信息、通过互联网进行司法拍卖，现行《民事诉讼法》和其他法律并未作出明确规定。虽然最高人民法院制定并发布了《互联网公布裁判文书规定》《关于人民法院执行公开的若干规定》《关于人民法院执行流程公开的若干意见》《关于推进司法公开三大平台建设的若干意见》《关于人民法院网络司法拍卖若干问题的规定》等司法解释，为利用互联网公开执行信息提供了制度依据，但这些规定属于司法解释，法律效力层级较低。人民法院在进行民事诉讼活动时必须严格遵循《民事诉讼法》和其他法律的规定，"法无授权不可为"。由于缺乏明确、全面的法律依据，当前利用互联网进行执行公开面临着"合法性危机"。

二、推行效果总体不理想

自 2006 年 12 月 23 日最高人民法院发布《关于人民法院执行公开的若干规定》后，各级人民法院均启动了执行公开工作，并纷纷借助互联网技术来推行执行公开。但不可否认的是，虽然我国法院推行执行公开已有十多年的时间，且通过互联网进行执行公开已成为法院推行执行公开的主要途径，但从总体上看，利用互联网推行执行公开的效果并不理想，主要表现在：

（一）执行信息公开不全面

根据最高人民法院发布的《关于人民法院执行公开的若干规定》的规定，人民法院应当通过通知、公告或者法院网络、新闻媒体等方式公开案件执行的各个环节和有关信息，公开案件执行过程和执行程序。根据最高人民法院发布的《关于人民法院执行流程公开的若干意见》第 7 条的规定，各级人民法院应通过互联网门户网站（政务网）向社会公众公开本院下列信息：①法院地址、交通图示、联系方式、管辖范围、下辖法院、内设部门及其职能、投诉渠道等机构信息；②审判委员会组成人员、审判执行人员的姓名、职务等人员信息；③执行流程、执行裁判文书和执行信息的公开范围和查询方法等执行公开指南信息；④执行立案条件、执行流程、申请执行书等执行文书样式、收费标准、执行费缓减免交的条件和程序、申请强制执行风险提示等执行指南信息；⑤听证公告、悬赏公告、拍卖公告；⑥评估、拍卖及其他社会中介入选机构名册等名册信息；⑦司法解释、指导性案例、执行业务文件等。根据最高人民法院发布的《关于人民法院执行流程公开的若干意见》第3条的规定，人民法院应将以下执行案件信息向当事人及委托代理人进行公开：①当事人名称、案号、案由、立案日期等立案信息；②执行法官以及书记员的姓名和办公电话；③采取执行措施信息，包括被执行人财产查询、查封、冻结、扣划、扣押等信息；④采取强制措施信息，包括司法拘留、罚款、拘传、搜查以及限制出境、限制高消费、纳入失信被执行人名单库等信息；⑤执行财产处置信息，包括委托评估、拍卖、变卖、以物抵债等信息；⑥债权分配和执行款收付信息，包括债权分配方案、债权分配方案异议、债权分配方案修改、执行款进入法院执行专用账户、执行款划付等信息；⑦暂缓执行、中止执行、委托执行、指定执行、提级执行等信息；⑧执行和解协议信息；⑨执行实施案件结案信息，包括执行结案日期、执行标的到位情况、结案方式、终结本次执行程序征求申请执行人意见等信息；⑩执行异议、执行复议、案外人异议、执行主体变更和追加等案件的立案时间、案件承办法官和合议庭其他组成人员以及书记员的姓名和办公电话、执行裁决、结案时间等信息；⑪执行申诉信访、执行督促、执行监督等案件的立案时间、案件承办法官和合议庭其他组成人员以及书记员的姓名和办公电话、案件处理意见、结案时间等信息；⑫执行听证、询问的时间、地点等信息；⑬案件的执行期限或审查期限，以及执行期限或审查期限扣除、延长等变更情况；⑭执行案件受理通知书、执行通知书、财产申报通知书、询问通知、听证通知、传票和询问笔录、调查取证笔录、执行听证笔录等材料；⑮执行裁定书、决定书等裁判文书；⑯执行裁判文书开始送达时间、完成送达时间、送达方式等送达信息；⑰执行裁判文书在执行法院执行流程信息公开模块、中国执行信息公开网及中国裁判文书网公布的情况，包括公布时间、查询方式等；⑱有关法律或司法解释要求公布的其他执行流程信息。从上述规定可以看出，法院需要公开的执行信息非常多，且这些信息均可通过互联网来进行公开。但在实践中，除网络司法拍卖信息以及被执行人信息、失信被执行人、限制消费人员通过网络司法拍卖平台、中国执行信息公开网基本上实现了全部公开外，其他执行信息仅实现了部分公开甚至基本未公开，导致法院实际公开的执行信息很不全面，也很不充分。例如，截至 2021 年 10 月 30 日，全国法院新收执行案件 648 436 件，执结案件 8 747 845 件，但在中国裁判文书网上公开的执行文书仅有 3 619 172 件，平均每案上网公开的执行文书不足 0.5 份。

（二）执行公开在不同法院存在着差距

在通过互联网公开执行信息方面，有的法院做得相对较好，利用互联网公开执行信息的案件数量较多，公开的执行信息也比较多，而有的法院则无论是案件数量还是执行信息都公开得比较少。例如，2020 年，北京市各级人民法院执结案件 267 846 件，在中国裁判文书网上传执行文书 76 922 份，平均每案上传执行文件比率为 0.29 份；重庆市各级人民法院受理各类执行案件 341 513 件，上传执行文书 67 410 份，平均每案上传执行文件比率为 0.2 份；贵州省各级人民法院执结案件 243 000 件，上传执行文书 183 450 份，平均每案上传执行文件比率为 0.75 份；甘肃省各级人民法院执结执行案件 172 448 件，上传执行文书 73 794 份，平均每案上传执行文件比率为 0.42 份。从执行文书上传中国裁判文书网的情况来看，法院执行公开程度普遍很低，且不同法院存在着差距甚至差距较大。

（三）执行公开缺乏及时性

根据最高人民法院《关于人民法院执行公开的若干规定》《关于人民法院执行流程公开的若干意见》的规定，人民法院应当及时向当事人和社会公众公开执行信息。在实践中，法院虽然公开了某些执行信息，但这种公开往往存在着滞后性，甚至在执行案件结案时才公开一些执行信息。例如，最高人民法院于 2021 年 12 月份作出并上传中国裁判文书网的 3 份执行文书，其上传时间均为 2021 年 8 月 20 日，执行文书公开时间距执行文书作出时间超过了半年。由于法院公开执行信息滞后，当事人和社会公众无法及时了解执行信息，严重损害了当事人和社会公众的知情权。

（四）执行公开平台过于杂乱

目前，各级人民法院利用网络媒体进行执行公开的平台非常多，除了最高人民法院开发的"中国裁判文书网""中国执行信息公开网"外，不同的法院有不同平台，同一个法院也使用多个平台，不同的法官使用不同的平台，执行法官甚至还会通过自己的手机或微信向当事人及其代理人发送执行信息。例如，福建省石狮市人民法院就建立了自己的执行信息公开系统，通过执行短信告知平台、互联网执行信息公开（查询）网以及执行微信公众号等载体公开执行全过程的执行信息。[1]用于执

---

〔1〕 洪彦伟：《信息化引擎下执行流水线的构建与实践——以福建石狮法院为主要视点》，人民法院出版社 2018 年版，第 187 页。

行公开的网络平台过多，又无法实现信息共享，集约化程度低，必然大幅增加法院执行工作人员的工作量，必然因多头开发平台而造成人力、设备和经费的浪费，必然造成当事人、社会公众难以全部了解和掌握这些平台，更谈不上利用这些平台来查询执行信息了。

（五）执行公开的救济和保障机制不健全

目前，法院推行的执行公开是法院的主动行为和单方面行为，司法解释和规范性文件并未赋予当事人或其他社会公众申请法院公开相关执行信息的权利，未赋予当事人或其他社会公众在执行信息不完整、不准确甚至错误的情况下申请法院进行补充、更改、纠正的权利。在公开的执行信息存在不完整、不准确甚至错误的情形时，当事人或第三方是否可以申请法院进行补充或者更改或纠正以及有关机关接到当事人或第三方提交的申请后应如何处理均无相关规定可以遵循，导致当事人无法就此获得救济。同时，现行执行公开也缺乏相应的保障机制。最高人民法院发布的《关于人民法院执行公开的若干规定》第17条规定："对违反本规定不公开或不及时公开案件执行信息的，视情节轻重，依有关规定追究相应的责任。"虽然最高人民法院提出要对不公开或不及时公开案件执行信息的行为追究责任，但并无明确的规定，很难落实，实践中也极少就此对法官进行处罚。如果不对法院或法官公开执行信息进行刚性约束，公开执行信息仅靠法院或法官的自觉来推进，容易使法官产生消极思想，执行公开也将达不到预期目标。

第三节　利用互联网推行执行公开效果不佳的成因

目前，法院利用互联网推行执行公开的效果总体并不理想。

造成这一结果的原因是多方面的，除了缺乏法律依据外，主要有以下几个原因：

一、法官对执行公开持消极甚至排斥态度

执行公开的推行，给执行工作人员带来了极大的工作量和工作压力，许多法院的执行工作人员往往不愿公开执行信息。法院执行工作人员对推行执行公开采消极甚至排斥态度主要系出于以下原因：①推行执行公开，公开执行信息，明显加大了执行工作人员的工作负担，使本就不堪重负的执行工作人员的工作量又大幅增加；②将执行工作全部暴露在当事人和社会公众面前，担心由此给自己带来舆论压力甚至负面影响。

二、法院网络基础设施建设薄弱

利用互联网推行执行公开，要求法院必须具备相应的网络基础设施。没有完善的网络基础设施，难以有效通过网络媒体推行执行公开。当前，法院未能有效利用互联网推行执行公开与法院自身网络基础设施不完善也有着密切联系。目前，我国法院虽然构建起了局域网，实现了办公自动化，审判、执行、审务都实现了电子化、网络化甚至智能化，但不同法院的网络基础设施很不平衡。最高人民法院、高级人民法院和部分中级人民法院的网络基础设置比较好，一些经济欠发达地区的中级人民法院和大部分基层人民法院网络基础设施相对薄弱。尤其是通过互联网实行执行公开需要连接互联网，而法院使用的局域网和大部分电子设备出于安全和保密考虑均需与互联网进行物理隔离，需要法院在法院局域网外建设一套专门的网络基础设施来公开执行信息，而大部分法院显然不完全具备这个基础。

三、缺乏必要的人员、经费支持

利用互联网推行执行公开需要将每个案件的执行信息向当事人和社会公众公开。由此，法院执行工作人员需要将法院内网上的执行信息"摆渡"到互联网，需要对上传到互联网的执行信息（如执行文书等）作技术处理，需要在互联网发布执行信息。这些执行信息公开并不是简单地将执行工作人员在法院内网上传的执行文书和录入的执行信息导入互联网，而是新增的工作量。当前，法院执行工作人员紧缺，法院执行工作人员完成日常执行工作基本已是不堪重负，在此情形下还要承担执行公开工作，必然会进一步加剧案多人少的矛盾。受法院编制限制，法院又不可能为此增加人员。有些法院曾尝试将一些执行事务性工作外包给公证机关等社会机构，以解决人员不足的问题，但因为经费限制而被迫终止合作。没有人员和经费支持，推行执行公开必然陷入困境，绝大部分案件做不到全面公开，大部分执行信息根本无法进行公开，更谈不上及时公开了。

第四节　互联网环境下运用互联网推行执行公开的改进建议

为了更好地推行执行公开，充分保护当事人和社会公众的知情权，加强对执行工作的监督，必须采取有效措施消除当前利用互联网推行执行公开过程中遇到的障碍，充分发挥互联网在推行执行公开中的积极作用。

一、转变对执行公开的认识

随着互联网的发展和广泛应用，互联网在民事诉讼中得到运用是一种趋势。法院利用互联网推行执行公开，不但适应了网络时代的要求，满足了当事人、社会公众的期待，而且可以解决传统执行公开的局限性，打破传统公开方式的时空限制，提高执行公开的实效。为此，法院应树立正确的公开理念，重视互联网对推行执行公开的积极作用，积极利用互联网来推进执行公开，满足当事人、社会公众的需求。当然，当事人和社会公众也应当转变观念，逐步消除依赖打电话、到法院找法官等方式获取执行信息的行为习惯，接受和充分利用网络媒体来获取执行信息，形成良好的互动，推动通过互联网公开执行信息成为一种常态，推动利用互联网公开执行信息成为执行信息公开的主要方式。鉴于目前当事人、社会公众对法院利用互联网公开执行信息的工作还缺乏全面的了解，法院应持续开展宣传推广工作，运用口头告知、现场体验方式以及报纸、网络、电视等媒体对法院利用互联网开展执行公开的做法进行广泛宣传，使当事人和社会公众了解法院利用互联网推行执行公开的具体做法以及如何通过网络渠道获取执行公开信息，积极引导当事人、社会公众通过法院政务网站、中国裁判文书公开网、中国执行信息公开网等网络渠道查询执行案件信息，让法院利用互联网推行执行公开的做法获得越来越多民众的关注和支持。

二、制定有关执行公开的法律

目前，虽然法院正在积极利用互联网来推进执行公开，网上裁判文书公开、网络司法拍卖、网上执行信息公开正在我国如火如荼地推行，但由于现行法律并未就此作出明确规定，使得法院利用互联网推行执行公开面临着合法性隐忧，也在一定程度上阻碍了执行公开的推行。要从法律层面解决利用互联网推行执行公开的法律依据，可以选择的路径有三个：一是修订现行《民事诉讼法》，就通过互联网进行执行公开作出明确规定；二是由全国人民代表大会授权最高人民法院制定相关规定；三是制定专门的电子诉讼法或电子司法法。对于第三种路径，早已有其他国家进行了探索。例如，韩国于 2010 年制定了《电子诉讼法》，德国于 2013 年颁布了《电子司法法》。利用互联网推行执行公开乃至电子诉讼，涉及面宽，加之网络技术日新月异，通过修订现行民事诉讼法或者制定专门的电子诉讼法或电子司法法来解决显然不现实，根本无法适应互联网技术的发展以及互联网技术在民事诉讼中的进一步应用。为了更好地满足法院利用互联网推行执行公开的需要，并考虑到互联网技术快速发展以及各个法院网络技术的差异，可以考虑由全国人民代表大会授权最高人民法院制定有关利用互联网进行执行公开的规则，为法院利用互联网推行执行公开提供必要的法律依据。依据最高人民法院制定的规则，各个法院还可以根据本地区和本法院的具体情况制定详细的操作规程，为法院工作人员、当事人和社会公众提供指引，引导法院工作人员正确利用互联网公开执行信息，引导当事人和社会公众正确利用互联网获取执行信息。当然，通过一段时间的实践，在时机成熟时，也可以将最高人民法院制定的部分规则通过修订增补进《民事诉讼法》或者制定单行法等方式上升为法律。

三、建立执行公开的救济和保障机制

无救济则无权利。由于通过互联网传播信息具有传播范围广、传播速度快的特点，在利用互联网推行执行公开时，必须采取有效措施保护当事人的隐私和商业秘密，必须赋予当事人和第三方针对执行公开提出异议的权利。对于依法应当公开的执行信息，法院未予公开，当事人或第三方可以申请法院予以

公开。对于可以通过互联网公开的执行信息，法院未予公开或者未通过互联网进行公开的，当事人或第三方可以申请法院通过互联网予以公开。对于执行信息涉及当事人隐私或者含有商业秘密的，当事人可以申请法院不予公开或者不通过互联网进行公开；在涉及当事人隐私或商业秘密的执行信息已公开的情况下，当事人可以申请法院予以删除或屏蔽。在公开的执行信息存在不完整、不准确甚至错误的情况下，当事人或第三方可以申请法院予以补充、更改或纠正，法院接到申请后应及时进行审查，审查后认为公开的执行信息存在不完整、不准确甚至错误的情形的，应尽快予以补充、更改或纠正。因法院公开的执行信息存在错误或者法院公开执行信息的行为存在违法并造成当事人或第三方损失的，该当事人或第三方可以要求法院进行赔偿。同时，为了有效推行执行公开，法院应建立相应的保障机制。为了调动执行工作人员利用互联网进行执行公开的积极性，法院应加强对执行公开行为的监管，适时组织检查、督促并对执行工作人员利用互联网开展执行公开的工作进行考评或评估，将考评或评估结果与评优、晋升挂钩。公开方式不当、公开信息不完整、公开信息不及时、公开信息存在错误并造成严重后果的，法院应依据有关规定追究有关人员的责任。

四、加强法院网络基础设施建设

具有完备的网络基础设施是利用互联网推行执行公开的前提。通过多年的建设，我国法院的网络基础设施建设有了长足进步，普遍拥有了一定数量的网络基础设施（如电脑、服务器、机房等硬件以及网站、网络平台、网络管理系统等软件），为利用互联网开展执行公开提供了条件。但是，总体而言，当前法院的网络基础设施建设仍比较薄弱，难以满足执行公开的需要。

为了更好地利用互联网推行执行公开，我国应从以下几个方面作出努力：一是对一些经济欠发达地区的法院给予经费支持，为这些法院购置电脑、服务器等硬件，使所有法院都具有利用互联网开展执行公开的物质基础；二是由最高人民法院统一组织研发执行公开软件和开发相关平台，形成全国统一的执行公开平台，消除当前各个法院自行研发、各搞一套的做法，避免重复投入和资源浪费，提升执行公开软件或平台的技术水平；三是加强执行公开系统的安全建设，提升系统的安全性，确保执行公开系统运行的稳定性，避免执行信息发生被窃取、被篡改或灭失等安全事故；四是提升执行公开系统的便利性，确保系统设置简单、明晰，使法院工作人员、当事人、社会公众易学、易懂、易用。

五、加强人员、资金保障

当前利用互联网推行执行公开遇到的一个重要障碍是法院执行工作人员无暇进行执行信息上传和公开，执行工作人员开展执行工作本身已不堪重负，根本抽不出时间来收集整理执行信息并上传网络进行公开。为此，可以从以下几个方面着手：一是基于当前绝大部分案件都有基层法院管辖和执行的现实情况，将司法资源适当向基层人民法院倾斜，适当扩大基层人民法院的人员编制和增加基层人民法院的经费，充实和增加基层人民法院执行工作人员，不断加大基层人民法院的经费支持；二是由于执行公开涉及法院多个部门和多个环节，整合法院内部司法资源，对各部门及其工作人员进行合理分工，形成既有分工又有协作配合的工作体系，既要避免由执行机构独立承担执行公开这一工作，又要避免因多头管理而出现扯皮、推诿现象；三是引入社会机构提供执行辅助服务，[1]减少法院执行工作人员的事务性工作，使执行工作人员有更多的时间开展执行工作和执行公开工作。

---

[1] 例如，2018 年 7 月 31 日，昆明市五华区人民法院与明信公证处签订《战略合作框架协议》，委托该公证处参与该法院司法辅助事务工作，即由公证处指派公证员入驻法院，参与搜集核实执行线索、查控执行标的、清点和管理查封或扣押财物、执行财产网拍处置、财产变现、权属过户、终本案件的管理等执行全流程辅助工作，分离执行案件中执行法官事务和服务事务，将非执行法官必行事项的后续事务交由公证机关全权办理。

第六章 CHAPTER 06
审判流程信息公开

第一节　审判流程信息公开概述

一、审判流程信息公开的界定

关于审判流程信息公开，目前尚无较为权威且明确的概念界定。与之相关的一个概念即审判流程管理。有学者对此进行了界定："审判流程管理是将案件的审理过程按时间先后顺序划分为若干环节并规定各环节完成的时限，根据司法公正和审判效率的要求，由法院各职能部门综合运用计划、人事、组织、监督、控制和奖惩等手段，对案件的运行情况进行严格的跟踪、监督和管理的制度。"[1]各地方法院也基本上按照上述思路对审判流程管理进行定义。如北京市高级人民法院规定："审判流程管理是人民法院审判管理部门根据案件审判流程，对案件的立案、分案、审理、宣判、审限、结案、移送、归档等环节运行进行组织、引导、监督、制约的过程。"[2]再如天津市河北区人

[1]　李晓倩："信息公开与审判流程管理的转型升级"，载《法律适用》2018年第17期。
[2]　京高法发〔2014〕126号第2条。

民法院规定，审判流程管理，是根据案件在审理过程中的不同阶段，对案件的立案、排期、开庭、结案、执行、归档等各节点的工作情况进行管理监督，重点是审限控制，以保证案件审理各项工作严格按照法律规定的程序进行。[1]由此可见，审判流程管理可以被理解为对审判流程的各个节点进行科学、有序的管理，使每一项流程都能按照法律规定的时间、形式开展。而审判流程信息公开便是将审判流程各个节点的信息运用信息技术手段进行管理，通过互联网、手机短信等现代通信渠道及时向社会公众及案件当事人公开案件信息，同时向社会公众提供高效、快捷的诉讼服务。[2]审判流程信息公开是审判流程管理的必然要求，也是司法公开的题中应有之义。

二、审判流程信息公开的意义

审判流程信息公开有着诸多的意义，具体而言，我们可以从对国家、社会公众、当事人和法院几个角度进行考量。

对国家而言，审判流程信息公开有利于社会主义法治国家的建设。相较于历史上的秘密审判，审判公开已然成为现代法治国家行使司法权力的重要且基本的特征。而审判公开的核心就是审判过程和审判结果的公开。如果说裁判文书的公开体现了审判权中"判"的结果，那么流程公开就体现了审判权中"审"的内容。前者已经通过中国裁判文书上网平台实现了全面的公开，而对审判流程的全面公开也就成了建设现代法治国家，

---

[1] 《天津市河北区人民法院审判流程管理办法》。

[2] 孙一鸣："审判公开的主动脉——审判流程公开"，载《法制博览》2016年第6期。

打造阳光司法的必然举措。[1]党的十八大以来，全面依法治国、建设社会主义法治国家的理念不断被提及，也不断发展完善，司法公开作为建设社会主义国家的重要环节，其意义不言而喻。审判流程信息公开可以推进法治国家的建设进程，让权力在阳光下运行。

对社会公众而言，审判流程信息公开能够让人民群众了解司法权力运作的过程，提升其对法治信仰的认同。参与司法活动是了解司法过程的最佳途径。然而，对于大多数的社会公众而言，终其一生也并不会真正参与到诉讼和审判之中。而审判流程信息公开能够让人民群众在不亲自参与诉讼的情况下依然感受到司法系统的公平正义，获得十足的安全感。目前，裁判文书和失信执行人名单的公开制度施行效果良好，取得了不错的社会效应，让人民群众感受到了司法的力量。而公开具有重大影响的公共性案件审判过程的进展情况，同样能够发挥类似的功效，让不参加诉讼的人民群众直观地知悉诉讼的过程，了解重大案件的审理进展，熟悉法院的工作模式。从另一方面来看，审判流程信息公开也是提升人民群众法治素养、开展法治教育的良好途径，能够让群众在个案中感受到司法公平正义的阳光，有利于人民群众树立法治思想、法治理念。

对当事人而言，审判流程信息公开有助于确保当事人的诉讼权利和实体权利。审判流程公开的核心是向当事人告知诉讼过程的节点信息和相关文书，这些节点信息不仅事关后续审理的实体范围（例如对方当事人提出的起诉状、答辩状内容），也会影响下一步的诉讼进程（例如对方当事人提起了管辖权异议，或变更了诉讼请求，法院作出了诉讼中止的裁定）。当事人及时

---

[1]　刘哲玮："审判流程信息网上公开的功能与结构"，载《法律适用》2018年第 17 期。

了解这些信息，可以为后续审理作出准备，确保诉讼进程高效、稳定地进行。这既是对其参加诉讼的信息知情权的保障，也为确保其充分捍卫实体权利奠定了基础。

对于人民法院而言，审判流程公开有助于提高个案审判的审判效率和审判质量，规范其正确行使审判权。虽然审判流程公开的直接对象是当事人及其代理人，表面上是单向度地增加了法院的工作量。但长远来看，当事人的诉讼准备越充分，法院的庭审等审判活动就越高效。因此，充分告知当事人审判流程信息可以显著提高庭审等审判活动的效率，避免审判突袭、隐性的审限拖延等不良现象，[1]还能够增加惩戒拖延等恶意诉讼行为的正当性。[2]另一方面，通过审判流程公开平台，法院向公众公开法院机构、人员、诉讼指南、审判指导文件以及名册等各类指南性信息，时刻接受群众的监督，能够倒逼其规范行使审判权，促使司法审判的程序更加合规、有序。

第二节　审判流程信息公开的发展沿革

关于审判流程信息公开，一般认为肇始于 2013 年 11 月 21 日最高人民法院发布的《关于推进司法公开三大平台建设的若干意见》（以下简称《若干意见》）。[3]《若干意见》虽然没有明确、系统地提出审判流程信息公开的概念，但清晰界定了向

---

〔1〕　杨炎辉："让司法公开发挥全方位倒逼效应"，载《人民法院报》2014 年 1 月 29 日。

〔2〕　刘哲玮："审判流程公开：补上司法公开之短板"，载《人民法院报》2018 年 3 月 17 日。

〔3〕　李亮、章扬："人民法院审判流程信息公开的若干问题——对《最高人民法院关于人民法院通过互联网公开审判流程信息的规定》的理解"，载《法律适用》2018 年第 17 期。

当事人公开、向公众公开的是相互独立的两部分内容，也明确提出了"推进审判流程信息公开平台建设"的工作任务，初步搭建起了今天审判流程信息公开的大致框架。在此之前，虽然也有一些关于审判流程信息公开的文件，诸如《关于加强人民法院审判公开工作的若干意见》《关于确定司法公开示范法院的决定》，但是这些文件对于审判流程信息公开缺乏系统性的规定，且规定内容并未覆盖案件审理的每一个阶段。在《若干意见》出台之后，全国各地区法院纷纷开始着手开展本区域内的审判流程信息公开工作。如北京市高级人民法院在 2014 年 3 月 18 日出台《北京市高级人民法院审判流程管理办法（试行）》，对审判流程的各管理节点作出规定，并强调依托信息化工作平台，通过信息公开、网上监督、网上评价、网上考核等方式和手段实现审判流程管理的规范化、科学化和信息化。

2014 年 8 月 1 日，中国审判流程信息公开网上线试运行，同年 11 月 13 日，该网站正式开通。最高人民法院率先在该网站上公开审判流程信息与主要实体材料，供诉讼当事人及其诉讼代理人查阅。随后，全国各地的法院相继跟进，至 2015 年底，全国各高级人民法院普遍建成本辖区三级法院统一的审判流程信息公开平台，并与"中国审判流程信息公开网"建立了链接，初步实现"一个入口查看全国法院所有在办案件流程信息"。[1]

2018 年最高人民法院颁布《关于人民法院通过互联网公开审判流程信息的规定》（以下简称《流程规定》），自 2018 年 9 月 1 日起实行。该司法解释将中国审判流程信息公开网定位于全国各级法院集中汇聚和发布审判流程信息的统一平台。其与

---

〔1〕　李亮、章扬："人民法院审判流程信息公开的若干问题——对《最高人民法院关于人民法院通过互联网公开审判流程信息的规定》的理解"，载《法律适用》2018 年第 17 期。

中国裁判文书网、中国庭审公开网、中国执行信息公开网共同构成中国司法公开的四大平台，支撑司法案件从立案、审判到执行，全部重要流程节点实现信息化、可视化和公开化。《流程规定》是对过去五年来全国法院在审判流程信息公开方面探索的经验的总结，为未来审判流程信息公开的工作方向提供了指南。截至 2022 年，《流程规定》仍是审判流程信息公开领域效力层级最高、时效性最强的文件。

第三节　审判流程信息公开的现状考察

笔者通过对中国审判流程信息公开网、北京法院审判信息网、上海法院审判流程公开专题进行考察，通过对比分析，总结出现了阶段我国审判流程信息公开中存在的问题。

一、对中国审判流程信息公开网的考察

在浏览器中打开中国审判流程信息网的首页，首先映入眼帘的是以五星红旗和天平为元素的红色背景，居中位置有"中国审判流程信息公开网"的网站标题和法徽标识；在标题下方设置了一个较为醒目的检索框。检索框下方设置了两个查询通道，即"当事人案件查询"和"律师及其他代理人案件查询"；再下方则有"机构设置""公开指南""司法解释""业务文件""法官目录""诉讼指南""案例""开庭公告""意见建议"等几个按钮；再下方是滚动播报一些开庭公告、列举一些司法解释、业务文件、指导性案例和一些诉讼服务指南，这些信息内容均来源于全国各地法院；首页最后是全国法院系统门户网站的链接。

在该检索框中输入信息进行检索，在新页面中会显示搜索

结果，左侧有"按栏目""按所属省份""按发布年份"三大归类选项，其中"按栏目"下方又有"全部""开庭公告""诉讼指南""名册信息""司法解释""业务文件""法官名录""公开指南""案例"等选项；若以当事人或者律师、代理人的身份查询相关案件，则需要提供个人（单位）身份证号码或证件号码、姓名、手机号码等身份性信息。笔者邀请了一位律师朋友以"律师及其他代理人"的身份登录该网站，登录成功后以列表形式显示本人参与的或代理的案件，标注了案号、审理法院、承办法官、收案日期和结案日期。点击某一案件可进入该案件的案件详情信息页面，具体展示了该案件的流程，包括收立案阶段、审理阶段、送达阶段三大阶段。在收立案阶段，包括收案基本信息（收案来源、立案案由、管辖依据、收案日期、材料接收信息等）、立案基本信息（案号、案件类型、审判程序、立案部门、立案日期、诉讼费交纳信息等）。在审理阶段，包括审理基本信息（适用程序、是否为小额诉讼）、诉讼参与人信息（当事人信息、诉讼代理人信息）、审判组织信息（承办部门、承办人和法官助理联系方式、审判人员确定日期等）、法庭活动信息、审理期限信息（审限起始日期、审限届满日期、实际审理天数）、结案信息（结案标的额等）。在送达阶段，主要包括受送达人和送达方式。

　　在"机构设置"和"法官名录"两个功能页面中，均是以地图的形式对全国各地的法院进行汇总，访问者可以点击某一省级单位的行政区划轮廓，在旁边的信息框中选择想要浏览的具体法院名称。这样的展示形式类似于裁判文书网按地域查看裁判文书信息的功能，方便访问者直观地进行相关信息的查看。但是，各地区法院的信息公开程度不尽相同，有繁有简，甚至存在很多信息缺失的现象。如内蒙古自治区高级人民法院的法官名录公开得较为详细，对各庭、局、委员会等 200 名干部的人事信息进行了公开；而河北省高级人民法院则只公开了一名法官的人事信息；北京市法院系统的信息则处于缺失状态，甚至在地图中选择北京后，在一旁的信息栏中根本没有下辖法院的选项。

在"公开指南""司法解释""业务文件""诉讼指南""案例""开庭公告"这几个栏目中，均是以列表的形式对相关信息进行展示，其中有最高人民法院发布的信息，也有各地方法院自己发布的信息。另外，在诸如"开庭公告"这样的栏目中设置了搜索框，可供访问者检索自己所需要的信息。但从总体来看，以上栏目的页面中所呈现的信息较为凌乱，缺少相应的分类展示，容易使访问者产生视觉疲劳。

除此之外，该网站没有其他功能和信息。

二、对北京法院审判信息网的考察

北京法院审判信息网的首页内容较为丰富。在导航栏中设置了"法院要闻""公告公示""裁判文书""审判流程""执行信息""法官信息""名册信息""参阅案例""诉讼服务""数说审判""视说诉讼"等选项。导航栏下方用滚动图片的形式展示北京法院系统的新闻，旁边设置有"监督平台""电子诉讼""律师平台""法规查询""文书样式""诉讼工具""诉讼讲堂""诉讼指南""法院指引"等九大功能模块按钮。接下来用醒目的方式设置了"北京法院在线诉讼平台"和"北京互联网法院电子诉讼平台"两大平台的链接，可供访问者跳转到相应网站。再下方则是裁判文书和执行信息的统计数据，以及一些公告公示、参阅案例、法官名录、名册信息等。

在"法官信息""名册信息"等栏目中，公开的内容较为详细，包括各级法院的法官名单、人民陪审员名单、特邀调解组织和调解员名单等多项信息。

点击"审判流程"导航按钮进入审判流程专题页面，可以看到北京法院审判流程的公开内容、北京法院以及最高人民法院的指导文件。审判流程公开内容以时间轴的形式呈现，每一个审判流程节点上都有相应的说明性文字，共计 15 类 62 项信息。案件当事人及律师可登录北京法院审判信息网及移动诉讼服务 APP 查看公开详情。笔者请律师朋友登录该网站，发现登录成功后会直接跳转到北京法院电子诉讼平台，在该平台可以查看每一个代理案件的具体信息和审判流程，内容较为详细，在该网站也可以实现网上立案，方便律师开展工作。

三、对上海法院审判流程公开专题的考察

上海法院审判流程公开专题页面，从属于上海法院网"司法公开"专题栏目。总体来说，审判流程公开专题页面设置较为简单，对于流程公开的内容以时间轴的形式进行展示，但与北京审判信息网不同的是，在每一项具体的流程节点并没有相关文字说明。在流程图下方设置了"法官名录""工作报告""名册信息"等三个导航按钮，点击即可跳转到相关页面，具体查看相应信息。其中，法官名录信息、人民陪审员名册和调解组织、调解员名单信息公开得较为详细、完整。对于流程公开详情，案件当事人及律师可登录诉讼服务网或移动微法院查看。上海法院诉讼服务网包含律师、法律服务工作者、当事人、公众四个服务板块，登录之后便可以进行相关操作。其中，律师板块的功能最多、最为完善，涵盖了"网上预约""网上立案""联系法官""网上调解""文书送达""材料递交""诉讼保全""证据交换"与"质证"等 33 项功能。而公众服务板块内容也

较为丰富,设置了"多元解纷""走进法院""诉讼引导""开庭公告""送达公告""执行公告"等14项功能,相关的指南性说明文字有利于社会公众对诉讼流程进行了解,模拟法庭动画也能让群众直观地体验庭审活动。

四、现阶段审判流程信息公开存在的问题

通过对中国审判流程信息公开网和北京、上海两地审判流程公开专题页面的考察,以及同律师界朋友进行交流,笔者总结出现阶段我国审判流程信息公开存在以下两个问题:

（一）为社会公众提供的流程信息公开内容有限

《流程规定》第 1 条明确了审判流程信息公开的对象:"人民法院审判刑事、民事、行政、国家赔偿案件的流程信息,应当通过互联网向参加诉讼的当事人及其法定代理人、诉讼代理人、辩护人公开。人民法院审判具有重大社会影响案件的流程信息,可以通过互联网或者其他方式向公众公开。"有学者将此种制度构建称为"公开对象的二元化",认为是对司法公开制度的一次重要突破。[1]

理论界一般认为,作为三大诉讼法基本原则的审判公开原则的基本含义就是法院对案件的审理过程和判决结果要向群众公开、向社会公开。[2]我国近年来的司法公开成果也比较集中于面向社会公众进行公开,比如裁判文书公开、庭审公开。这不仅能够为法学研究提供丰富的材料、促进司法裁判结果的公正,还有利于普法教育,提升人民群众的法治素养,加快建设社会主义法治国家的进程。然而,也有学者认为,单一的向社

---

〔1〕 刘哲玮:"审判流程信息网上公开的功能与结构",载《法律适用》2018年第17期。

〔2〕 高一飞等:《司法公开基本原理》,中国法制出版社 2012 年版,第 9 页。

会公开不足以体现审判公开的全部价值，可能会忽略审判公开的诉权保护价值，阻碍审判实质公开，造成形式热而实质冷的泡沫化现象。[1]这种观点确实有一定的道理：社会公众和当事人在审判流程信息公开层面的需求并不一致。对当事人而言，需要的是全面、及时、准确的审判流程信息，以便展开后续的诉讼行为，确定正确的诉讼策略。相反，对于社会公众而言，并非所有案件的审判流程信息都值得获取和阅读，真正有价值的审判流程信息往往是那些具有公共影响力的案件。因此，《流程规定》将公开对象区分为参与诉讼主体和社会公众，从而构建二元公开主体模式具有一定的合理性。

　　但是，从《流程规定》实施将近四年以来的各地法院实践来看，此种二元模式的社会效果一般。向参与诉讼主体（包括当事人、法定代理人、诉讼代理人、辩护人）公开目前在实践中实施情况较好，审判流程各节点信息基本都能做到向其公开。然而，向社会公众公开却效果不佳。首先，向社会公众公开流程信息的案件须是"具有重大社会影响案件"，但对于究竟何为"具有重大社会影响"，《流程规定》并未进行明确。因此对于某案件而言，其是否属于可向公众公开审判流程信息的范畴完全依靠实务操作者的自由裁量。中国审判流程信息公开网只设置了当事人和律师及代理人两个查询渠道，从根本上忽略了社会公众这一公开主体。其次，即便是存在向社会公众公开功能的网站（如上海法院诉讼服务网），其公开的内容也较为有限，仅有开庭公告、送达公告、执行公告，其他诸如财产保全信息、审限情况、上诉信息等节点均未公开，这不利于社会公众对某一案件进行全方位的了解。对法学研究者、法学专业学生、律师等法律专业群体而言，上述公开信息可谓"鸡肋"。

---

[1]　高翔："民事审判公开对象二元区分论"，载《法商研究》2015 年第 5 期。

（二）审判流程信息公开标准不统一、实用价值低

《流程规定》第 3 条第 1 款规定："中国审判流程信息公开网是人民法院公开审判流程信息的统一平台。各级人民法院在本院门户网站以及司法公开平台设置中国审判流程信息公开网的链接。"由此明确了中国审判流程信息公开网是人民法院公开审判流程信息的统一平台，是流程公开的主媒介。

在《流程规定》出台之前，各地法院虽纷纷开始建设审判流程信息公开平台，但执行标准却大相径庭，部分法院存在公开时间不及时、公开信息不完整、公开手段不规范等问题。另一方面，由于没有统合划一的推送平台和推送标准，当事人和其代理人既无法快捷、高效地收悉信息，也无法确定信息的准确性和合法性，在一定程度上影响了诉讼活动的开展。《流程规定》出台的初衷便是力图改变各地法院"各自为政"的流程公开格局，统合全国法院的审判流程公开信息，确立审判流程公开平台之间的统一格局。然而，将近四年的时间过去了，上述情况一直没有得到根本性的改观。

目前，中国审判流程信息公开网上的信息，除了最高人民法院自己发布的，剩下的均是由全国各地方法院自行上传发布的。由于缺乏较为统一的信息发布标准，各地法院上传的信息质量可谓良莠不齐，有的信息较为丰富且全面，有的则是寥寥数言，有的信息关键部分甚至处于缺失状态。与其说审判流程信息公开网是一个统一整合的信息发布平台，不如说其相当于一个"大杂烩"平台。笔者听取了律师界的朋友对于审判流程信息公开网的意见，他们普遍表示"知道这个网站，但是不会去用"，很多律师甚至根本就没有登录过这个网站。一位在北京执业的律师坦言：对于律师而言，立案、提交材料、联系法官等环节较为重要，这些功能在中国审判流程信息公开网上无法

实现，但是在北京法院电子诉讼平台上却可以轻而易举地完成。并且，相关审判流程信息在北京法院电子诉讼平台上显示得更多，更方便律师办案。因此，在实务中，律师更愿意选择使用各地方高院建立的服务平台。由此看来，审判流程信息公开网的实用价值有待加强。

第四节　审判流程信息公开的完善建议

针对现阶段我国审判流程信息公开存在的问题，笔者提出如下建议：

一、扩大对社会公众公开的范围

目前，中国审判流程信息公开网以及各地法院的审判信息网对社会公众公开的程度不高、公开范围较窄，这不利于司法公开向纵深推进。而外国在这方面的实践中拥有不少成功的经验，比如美国加利福尼亚州最高法院网站，不论是案件当事人还是普通社会公众，都能享受到互联网时代审判流程公开提供的海量信息，社会高度关注的案件从受理环节开始全程全方位地向社会公布。[1]

笔者认为，我国审判流程信息向社会公众公开的范围可不再局限于"具有重大社会影响案件"。对于一般案件，除涉及国家秘密、商业秘密、个人隐私的案件外，应尽可能在网站上向社会公众公开案件流程信息，并且公布的信息不应局限于开庭时间、送达时间等节点，而是扩大其他节点信息的公开程度，真正落实"以公开为原则，以不公开为例外"的基本原则，以

---

〔1〕　孙一鸣："审判公开的主动脉——审判流程公开"，载《法制博览》2016年第6期。

便社会公众持续跟进关注具体案件，提升全民法治素养。在审判流程信息公开网上，应增设社会公众查阅案件渠道。社会公众可凭个人身份信息（如身份证号码、手机号、所在单位）登录网站，对相关案件进行查阅。同时，为了规范社会公众合法合规查询案件流程信息，可要求在访问者登录网站时填写合法查阅声明承诺书，也可辅以诸如网站禁止录屏、复制文字等必要的技术手段。

二、出台审判流程信息公开统一标准

目前，许多法院的审判流程节点设置不统一，公开哪些节点不明确，对于在网上公开的信息内容也标准不一。对此，最高人民法院需要出台明确的标准，首先应明确公开的节点，在此可以参考北京法院系统的公开范围。具体如下：①立案阶段，包括立案信息、诉前财产保全信息；②审理阶段，包括承办人员信息、庭审信息、诉讼程序信息、起诉书和传票等送达信息、管辖权处理信息、财产保全信息、先予执行情况、扣除审限情况、审限中止情况、审限延长情况；③结案阶段，包括结案信息、文书送达信息、上诉信息。对以上标准可以进行微调，但总体上应将审判活动全流程进行公开。

另外，最高人民法院还应对各地法院自行上传的信息内容作出总体规定，明确关键信息，避免出现公开信息内容较少、内容缺失等现象。对此，法院系统可进一步推动办公系统的电子化，提升法院办公辅助系统的智能性，实现通过软件自动采集诉讼文书，自动录入审判流程管理系统，并逐步实现系统自动识别信息类目的功能。

互联网环境下的审务公开

2009 年 12 月 8 日，最高人民法院印发了《关于司法公开的六项规定》。其明确了司法公开的范畴包括立案公开、庭审公开、执行公开、听证公开、文书公开和审务公开。其中审务公开包括了人民法院的审判管理工作以及与审判管理工作有关的其他管理活动的公开。审务公开可以切实保障人民群众对司法的知情权、参与权和监督权，也有助于从宏观层面增进对司法的了解，提升司法公信力。

第一节　审务公开的基本内容

审务公开是人民法院的审判管理工作以及与审判工作有关的其他管理活动向社会公开。与立案公开、庭审公开、听证公开、裁判文书网上公开以及执行公开不同的是，上述司法公开的内容都与当事人直接相关，而审务公开则主要是面对社会公众进行的公开。由于审务公开的内容主要是将法院审判管理的相关制度和实践公之于众，让社会公众了解法院结构、人员，以及如何进行审判管理，因此，其主要目的就是增强法院工作的透明度，进而增强司法公信力。在传统的管理模式下，审判管理的相关内容属于政务、人事管理，因此审判管理工作不具有独立性，审务公开也一直难以得到有效的发展。之后，随着审判管理工作的独立性增强，审务公开获得自己的领地成为可能。[1]

一、审务公开的相关规定

审务公开的最早规定见于《关于司法公开的六项规定》。该规定将审务公开的范围确定为人民法院的审判管理工作以及与审判管理工作有关的其他管理活动，并将审务公开的主要目的定位为保障公众的知情监督权和当事人的诉讼权利。该规定对审务公开的内容也予以细化，具体包括案件运转流程的查询；法院工作的方针政策、规范性文件和审判指导意见；法院非涉密司法统计数据和分析报告、重大案件审判情况、重要研究成果、活动部署；过问案件登记、说情干扰警示以及监督情况通报。

2010年10月20日，最高人民法院发布了《司法公开示范法院标准》，明确了审务公开的具体考核标，其在《关于司法公开的六项规定》的基础上对审务公开的内容进行了进一步细化。审务公开的内容在原有基础上增加了法院的基本情况、重要审判工作会议、法院的新闻发布和与专家、公众的沟通交流。在示范标准中，法院的新闻发布、通气会、座谈会或研讨会、公众开放日活动的占分比例与法院发布的审判管理工作和相关工作的情况是相同的，体现出法院在审判管理情况公开之外，还加强了与公众、媒体的互动。

二、审务公开的具体内容

从目前的相关规定来看，审务公开的内容可以被分为审判

---

[1] 高一飞、莫湘益："论审务公开"，载《电子政务》2012年第12期。

管理工作的公开以及与审判管理工作相关活动的公开。

（一）审判管理工作的公开

对于审判管理工作的理解，有广义和狭义之分。广义的审判管理，包括内在于审判权运行过程的各种管理行为和外在于审判权运行过程的各种管理活动；狭义的审判管理是指近年发展起来的外在于审判过程的由审判管理专门机构从事的各种专门管理活动。[1]由此可见，广义的审判管理包含了法院工作的各个方面，包括诉讼的运行与管理以及可能会影响到诉讼管理的内容。而狭义的审判管理则仅包括涉及司法审判的指导、监督等活动。

从2011年1月6日最高人民法院发布的《关于加强人民法院审判管理工作的若干意见》（以下简称《审判管理工作若干意见》）第8条到第14条的相关规定以及对审务公开的相关规定来看，审判公开的范围包含对法院司法审判信息、过程、结果的公开，因此采用广义的审判管理内涵更为合适。就审判管理工作公开的内容而言，可以包括：

（1）对管理主体的公开。管理主体包括法院设置的审判管理机构和业务庭室及其职能、领导成员及法官身份信息，[2]通过相应的信息公开，可以使公众了解法院内部的组织结构以及相关审判管理工作人员。

（2）对管理流程的公开。案件的管理流程包括立案、分案、开庭、裁判、执行、归档等流程，就公开范畴而言，立案、分案、开庭、裁判和执行是应当予以公开的。同时，管理流程的公开包括对当事人的公开和对群众的公开。法院的管理流程是

---

〔1〕 最高人民法院审判管理办公室编：《审判管理研究与参考》，法律出版社2014年版，第26页。

〔2〕 高一飞、莫湘益："论审务公开"，载《电子政务》2012年第12期。

案件审理质量和效率的基础，只有透明、公开的管理流程才能保证案件审理的公正和高效。

应当尽可能向当事人公开，以确保当事人能够及时、高效地参与诉讼，维护自己的权益。而对于案件的开庭、裁判而言，除不适宜公开的情况外，应当向公众公开，以提升法院的公信力。

（3）对于司法统计的公开。法院研判审判工作形势的相关司法统计信息对于法院及时发现问题、解决影响案件质量和效率等问题具有重要意义。对于此类信息的公开可以使公众了解法院在相关案件审判方面的专业性与科学性。

（4）审判经验的公开。对于审判经验的公开主要是指对在审判工作中的典型案例进行公开，并予以推广，增强此类案件对公众的导向和警示作用。

（二）审判管理工作相关信息的公开

与审判管理工作相关的活动虽然不属于审判管理工作的内涵，但是其对于法院审判管理工作的提升也具有重要意义。具体包括：

（1）法院基本信息的公开。法院基本信息主要包括法院的介绍、法院的地理位置、法院的人事、财务信息等。根据《审判管理工作若干意见》第 17 条的规定："要注重审判管理与人民法院的人事管理、政务管理的协调沟通，形成人民法院审判、人事、政务三大管理分工合作、相互配合的格局。……"对于此类基本信息的公开，有助于提升民众对法院的了解。

（2）公众参与活动信息公开。为了增加公众接触司法，参与司法，可以设置公众开放日、走进社区、学校等活动，并对此类信息予以公开。

第二节　法院审务公开的实践考察

检验审务公开的效果需要对法院的公开情况予以考察。目前，各个法院官网已经建设完成，其也成了公众了解法院的最佳途径，是法院开展审务公开工作的核心途径。因此，笔者选取 B 市的 5 个基层法院官网作为样本，并对当前法院审务公开的现状予以考察。

一、法院基本信息的公开

法院基本信息的公开是公众直观地了解法院的最佳方式。通常而言，法院的基本信息包括法院介绍、法院的地理位置、法院的组织和人事情况、法院的财务情况等。

（一）法院介绍方面

在笔者考察的 5 个法院中，3 个法院对自身进行了详细介绍。这 3 个法院的介绍的详略情况有所不同，有的法院会将成立时间、荣誉称号、法院的发展、辖区范围、组织机构、人员情况、案件受理数量等进行全面介绍，有的则仅对历史发展以及人员情况进行简单介绍。此外，5 个法院均用图片的形式在首页对法院进行展示，有的还会对周边环境进行展示。

（二）法院的地理位置方面

法院的地理位置以及如何到达法院是民众了解某一个法院的前提信息。但是，在笔者调查的 5 个法院中，对于法院地理位置进行明确介绍的仅有 3 个法院。其中 2 个法院是需要进入法院概况栏目下才能查看到地理位置。在地理位置的介绍方面，2 个法院的官网均利用地图明确标明所处位置，1 个法院仅用文字进行介绍。除此之外，2 个法院都对如何乘坐公共交通前往法院进行了提示注意。标明地理位置对于群众来法院参与诉讼以及相关的活动而言是极为便利的。

但是，值得注意的是，在地理信息的查询方面，并没有互联网新技术的体现。而且，从笔者的浏览感受而言，对于地理信息的获取并不足够便利，或者需要进入栏目寻找，或者需要下拉页面才能寻找。

（三）法院的组织机构以及人事情况

从笔者的调研情况来看，5 个法院官网全部做到了机构信息和人事信息的公开。其主要公开的内容包括法院的机构设置、法院的院领导信息、审判委员会名录以及员额法官名录。在具体的公开方式上，都采用了姓名+照片的方式，公众在点击相应模块后即可了解法院的组织和人事情况，且体验较为便利。

（四）法院的财务信息方面

从法院首页的板块设置和官网内容来看，5 个法院均对其预算和决算信息进行了公开，只是在公开方式上略有不同：1 个法院是将其放置在法院新闻中，与相关的活动新闻等一同公开；2 个法院是单独公开在公告栏目中，与相关的公告一同公开；还有 2 个法院单独设置了预决算公开栏目，将法院决算单独公开。

不过，不同法院在预决算公开的范围和时间上略有不同，有的法院仅公开部分决算，且仅有 1 年的决算进行公开。而有的法院会将 3 年内的预决算情况全部予以公开。

二、案件的管理流程公开

（一）规章制度的公开

法院的规章制度会对法院的案件办理流程、诉讼程序等进行明确，也有助于当事人和公众了解案件办理程序和相关的规定。

5 个法院的官网在规章制度方面都进行了公开，4 个法院重点对诉讼流程进行了公开，比如公布立案指南、立案流程、材料收转路径、案件查询等，其中 2 个法院将微信和法院官网进行联动，在官网引导公众和当事人关注法院微信公众号，并通过微信了解案件情况和法院信息。另有 1 个法院重点是对相关的法律法规进行公开。值得称赞的是其中 1 个法院利用手机 APP、PC 客户端、微信小程序的功能，帮助当事人及时了解案件进行，并通过互联网技术协助当事人参加诉讼。

此外，法院通过网站对当事人需要提交的诉讼文本和材料进行了明确的规定，个别法院还提供诉讼文书下载服务和诉讼风险告知等内容。其中 1 个法院对诉讼中当事人的常见问题进行了汇总，通过问答的方式，解决当事人诉讼中的困惑，并引导当事人按照流程参与诉讼。

（二）其他诉讼流程的公开

对于庭审和裁判文书的公开，目前已经建立统一的网站予以公开。对于涉及非当事人的公众参与诉讼的还包括参与听审，这就涉及法院的开庭公告。而在 5 个法院的官网中，仅有 3 个通过官网首页对开庭情况进行公告，且其中一个法院的开庭公告没有得以更新，最新公告停留在 2018 年。虽然互联网为公众提供了庭审直播的方式了解庭审情况，但是也应当对现场听审予以重视，从网站调研情况来看，法院目前对于公众听审的方式更为重视互联网直播，对现场听审信息的获取重视度有所不足。

（三）司法统计信息

从调研情况来看，目前仅有 1 个法院对法院工作报告进行了公开，有 2 个法院则对案件审理过程中遇到的常见多发问题的调研情况进行了公开。但是此类信息在网站上并不容易被查阅，也没有设置专门的栏目进行公开。

当然在 5 个法院的新闻栏目中，笔者观察到法院会对类型案例或者法院报告召开新闻发布会，但是对于新闻发布会的预告等，并没有找到相关的内容信息。

（四）审判经验的公开

5 个法院官网均在首页对经典案例进行了公开，并结合案例进行了评述，有的法院会定期发布典型案例。其中 2 个法院不仅对经典案例进行了公开和释法，同时对审判中发现的问题予以汇总，并结合法学理论进行相应的学术性研究，并将研究成果予以公开。

（五）法院其他信息的公开

此类信息较为复杂，包括对于法院和相关人员获得审判方面荣誉的公开，对法院政务信息的公开，法院开放日新闻等，此类信息的公开也有助于提升公众对法院的了解，提升司法的公信力。5 个法院都及时对这一类信息进行了公开。

值得注意的是，虽然每个法院都能查阅到相关的开放日新闻，但是对于其开放日的设置，5 个法院的官网都没有进行公开。

此外，在新闻栏目中，走进社区、学校等内容都有所体现。

第三节　法院审务公开存在的不足与完善

通过法院审务公开的内容与现状进行比对，可以看到法院在审务公开方面并没有形成统一的范式，对于审务公开的范围也没有统一。

一、法院审务公开存在的问题

(一) 公开的范围和标准不统一

虽然根据最高人民法院发布的文件，我们可以对审务公开的内容和范围进行明确，但是在多大范围内进行公开、具体公开的标准是什么、公开的程度等问题都没有明确，这也造成在实践中，各个法院的公开内容和公开程度并不统一。比如在诉讼流程方面，有的法院公开方式多样化，公开内容也较为丰富，公众和当事人可以相对清晰、明确地了解相关的信息。但是，有的法院公开内容较少，民众难以通过法院网站有效解决诉讼流程问题，难以实现审务公开的效果和价值。

(二) 审务公开宣教义意较强

从考察情况来看，目前的审务公开实践更强调宣教性公开，即信息公开的内容和方式以法治宣传和教育为主要目的。[1]从实践结果来看，法院对审判经验和新闻信息的公开显然更为重视。笔者在 5 个法院的官网首页均可以查阅到典型案例以及法院的新闻信息。有的法院还根据案例情况进行了区分，设置多个栏目对典型案例和常见案例进行释法。审务公开的目的在于通过相关内容的公开提升司法公信力，是将法院审判管理的相关制度和实践公之于众，让社会公众了解法院内部如何管理审判，满足公众对法院审判管理工作的知情权。其直接目的是让社会了解法院，认同法院的审判管理，从而提高司法公信力。[2]但是目前的公开现状显然使公开的宣教性取代了满足公众对审判

---

〔1〕　康黎："'司法公开'导向下的法院官网优化研究——基于我国 C 市主城五区基层法院官网的测评分析"，载《西华师范大学学报（哲学社会科学版）》2016 年第 4 期。

〔2〕　高一飞、莫湘益："论审务公开"，载《电子政务》2012 年第 12 期。

管理工作知情权的目的，这显然是有违审务公开的设置目的的。

（三）信息获取的便利性不足

从笔者的考察结果来看，在浏览信息、获取信息方面，5个法院的官网都不够便利，导致这一结果的原因是多样的。首先，审务公开缺乏统一的栏目设置。审务公开的内容是较为繁杂的，缺乏统一的栏目设置可能使得不同的信息呈现于网站的模块不同，浏览者难以有针对性地找到数据信息。其次，公开的内容过于繁杂，且排列不够合理。比如，在笔者考察过程中，有的法院将统计信息和以案释法统一列入一个栏目中，但是二者区分度不高，浏览者需要对相关信息内容进行筛查。或者是在首页设置多个小栏目，将浏览者可能需要重点查阅的信息放在最后或者较小的位置，从而给浏览者造成困难。同时，网站栏目设置不合理。栏目的名称应当具有代表性，使浏览者可以通过栏目有效获取相关内容。由于缺乏统一的栏目设置，因此涉及审务公开的信息内容会被置入不同的栏目中。但各个法院的栏目设置是不同的，在笔者考察网站时，各个法院的栏目设置都不同程度地存在一定的误导性。比如，将案例评述放入了解审判栏目中。从考察结果来看，在多数情况下，浏览者需要点击各个栏目进行查阅才能明确需要查阅的信息的位置。最后，公开的信息内容较为有限。法院官网在公开信息时属于选择性公开，选择的标准常常是能更好地展示法院风采，传递法院正能量，利于社会稳定的信息。[1]而对于可能会引起负面情绪的内容则会选择性不公开。

（四）与公众的互动性不强

目前，审务公开的主要方式是通过法院单方面在官网发布

---

[1] 康黎：" '司法公开'导向下的法院官网优化研究——基于我国C市主城五区基层法院官网的测评分析"，载《西华师范大学学报（哲学社会科学版）》2016年第4期。

相关的新闻信息予以公开，但是公众难以参与审务公开，即使有公众开放日，公众对相关信息的获取也依然缺乏途径，导致难以增强法院与公众的互动。此种缺乏沟通和互动的公开，一方面难以使公众有效、全方位、整体性地了解法院；另一方面也使得法院难以明确公众需要知道和了解的信息，进而使审务公开效果不佳。

（五）信息技术的运用不足

从考察结果来看，仅有 2 个法院通过一定程序，结合移动端对审务信息予以公开。且从展示的效果来看，与传统的网站显示并无差异，智慧法院的建设成果在审务公开上并没有得以有效体现。以法院基本信息公开为例，目前的公开依然停留在传统的"网页+图片"形式，或者纯粹的文字介绍。这种显示方式既会使浏览者产生枯燥、呆板的观感，同时也会影响浏览者对法院形象的评价。

二、法院审务公开存在问题的原因分析

从实务考察来看，审务公开目前仍然存在一定的问题，而解决问题的途径需要从产生问题的原因予以分析。

（一）审务公开缺乏明确的法律依据

我国的法律对于审务公开并没有明确予以规定。最高人民法院发布的《关于司法公开的六项规定》和《司法公开示范法院标准》虽然都明确规定了审务公开，并将其与庭审公开、听审公开和文书公开等一并纳入司法公开的范畴，但是最高人民法院发布的仅是司法解释。从目前的法律层面难以为审务公开找到明确的依据。唯一有所规定的仅有《人民法院组织法》第 7 条规定的"人民法院实行司法公开，法律另有规定的除外"。但是，相较于在法律中明确提及的审判公开，审务公开的法律

依据显然不够明晰。而这造成审务公开处于一种尴尬处境：一方面，其属于司法公开的范畴，有着其独特的司法价值；另一方面，由于缺乏明确的法律依据，使法律专业人士、法院以及公众对其重视度不足，进而在理论和实践中都难以使其得以有效发展。

（二）审务公开的规定较为模糊

从上述两个司法解释来看，审务公开的内容较为繁杂，其包含法院基本情况、诉讼流程、案件新闻发布制度等多项内容，但是对其每项公开的范围、标准、程度等都没有规定。例如，同属司法公开范畴的文书公开，最高人民法院发布了专门的司法解释对互联网裁判文书公开的要求、内容、技术处理等进行了规定。在《司法公开示范法院标准》中，对于听证公开共规定了 5 个条款，对于法院公告范围、应当听审的情况等都进行了明确规定。这些都为司法实践提供了较为细化的标准。但是对于审务公开，其仅是总括性地规定了公开的内容，针对公开原则、公开渠道、公开标准都缺少细化性规定，这也造成在实践中公开程度差异较大。

（三）对审务公开的重视度不足

审务公开是从整体上让公众了解法院和司法，增强对法院认同感，培养对司法的信任度，有着独特的价值功能。但是，相较于庭审公开、文书公开等司法公开的内容，目前我国对于审务公开的整体关注度不高，重视度也较低。无论是在法律解释规定、学术研究还是在公开渠道建设方面，对于审务公开都没有予以足够的重视，难以有效回应人民群众对司法公开的期待。

第四节　审务公开的完善建议

审务公开的发展与完善对于司法公开的发展与完善有着重要意义，笔者认为应当从以下角度对审务公开予以完善：

一、在法律法规中对审务公开予以细化

审务公开在法律层面没有规定，在司法解释层面的规定也较为粗犷。这就导致在司法实践中审务公开难以有效实现其目的。解决当前审务公开问题的核心在于从法律法规层面对其进行细化。

第一，应当从法律上对审务公开予以明确，从上位法层面对审务公开予以重视。鉴于审务公开包含范围较广，不适合在三大诉讼法律中予以规定，笔者建议修改《人民法院组织法》第7条，对司法公开的范围予以明确，以此增加审务公开的法律依据。

第二，应当在司法解释中对审务公开予以细化。可以参考裁判文书公开的司法解释，对审务公开的原则、内容、标准等问题予以详细规定。审务公开应当遵循便利、及时两项基本原则，即法院的信息公开要具有时效性，同时公开的内容要便于公众进行查阅。在公开的内容上，需要明确法院基本信息的范畴、诉讼流程公开的范围、司法统计信息、公众参与信息的公开方式和内容。在规定此项内容时，可以规定设置专门的审务公开栏目，并对栏目板块予以细化。

二、增加审务公开的渠道

目前的审务公开渠道主要是以法院官网和法院的微信公众

号为主。但是，法院官网的关注者较少，尤其是法院的公众开放日，公众很难及时获取相关的信息。为了进一步增加公众的参与度和对法院的了解，笔者建议在法院自身的公开渠道之外，通过微博、相关的新闻媒体等渠道增加公众获取审务公开信息的渠道。

同时，对于不同的信息，渠道侧重点也应当有所不同。例如对于法院的基本信息、公众参与活动等，可以增加微博、微信宣传，对于法院的统计数据、调研报告等可以增加在新闻媒体上的宣传。对于重大典型案例，除了微信、微博宣传之外，可以举行新闻发布会，接受媒体的采访。

三、增强与公众的互动

目前，审务信息的公开是单方面的公开，法院可以通过设置留言栏或者在网络媒体发布民意收集的形式，增强对公众的了解。也可以不定时召开座谈会、听证会，听取群众的意见和建议。

同时，也可以利用信息技术，增强与公众的互动。比如，参考美国部分法院的法院大楼"虚拟游览"模块，利用 VR 等技术使网站浏览者通过网站了解法院的环境、建筑、内部设置等。

最后，可以采用走进社区、学校等方式加强对外宣传教育。比如，法院的专业人员进入社区普法、组织模拟法庭等。

四、突出公开的重点信息

由于审务公开的内容较为繁杂，即使设置专门的栏目对于浏览者而言也依然是不易查找的。因此，审务公开的信息要基于审务公开的目的进行调整。

第一，对于进入法院官网的浏览者而言，其主要目的在于了解诉讼流程，获取相关的信息和文件。因此，司法机关要重点对诉讼流程信息予以明确，原则上应当包括诉讼全部流程的说明、当事人案件信息的查看、诉讼文本的下载等。

第二，在法院基本信息方面，可以突出法院的地理位置，进一步优化内容。

同时，在首页和栏目中公示法院开展的公众参与活动，并进行重点突出，使浏览者可以及时获取相关信息。

第三，在司法统计信息和案例信息方面，建议突出展示典型案例和类型案件。

第八章 CHAPTER 08

域外运用互联网推进司法公开的比较分析

　　传统的司法公开强调庭审公开和判决书公开，但是公众对司法的关注已经从审判扩展到了司法的日常运作。同时，没有充分利用新兴的社交媒体，在信息爆炸的时代难以使得公众及时获取信息，使得司法系统无法及时、有效地向公众传递信息，进而导致公众和司法之间形成隔阂，诱发信任危机。在互联网时代，司法公开必须利用网络的流动性和互动性，从传统的司法公开方式向互联网司法公开方式进行转向。域外国家和地区为了应对 20 世纪 90 年代开始的司法公信力危机，也针对互联网环境下的司法公开进行了一番改革。

第一节　英美法系国家互联网司法公开考察

一、审务公开

　　以美国为例。互联网司法公开的立法和实践发展离不开互联网技术的支持，美国受到了以《信息自由法》为核心的美国政府信息公开制度的影响，因而美国司法机构开放度非常高，形成了一整套司法公开制度体系。[1]

美国法院均有自己的官方网站，部分法院甚至还在网站上设置了法院大楼"虚拟游览"模块。[2]依托法院官方网站，美国的所有法院都必须在法院官方网站公开审务信息。具体包括：法院的联系方式和地址、法院诉讼规则和条例、法院的内部规定、所有案件的流程信息、与案件有关的全部实质性书面意见等。同时，法院必须定期更新各类信息，并提供多种电子下载格式。[3]

二、庭审公开

（一）美国

传统美国法律对于庭审互联网公开持反对态度，其核心考虑在于其认为新闻媒体会对法官公正审判构成干扰，破坏司法独立性。但是，随着实践发展的需求，美国在庭审公开方面的态度也有所缓和。州法院系统对于庭审直播较为支持，而联邦法院对于庭审直播则较为抗拒。

1978年，美国各州的首席大法官会议通过了一项决议，明确了州法庭上电子报道范围的标准。之后，各州对庭审转播的态度变得缓和，允许电子转播的州逐渐变多。随后，美国设立了美国法庭电视台，该台每天24小时、每周7天不间断地播报法庭新闻、转播各种庭审。[4]

---

〔1〕 关升英："美国司法公开制度及其启示——关于赴美学习考察司法公开制度有关情况的报告"，载《山东法官培训学院学报》2014年第6期。

〔2〕 关升英："美国司法公开制度及其启示——关于赴美学习考察司法公开制度有关情况的报告"，载《山东法官培训学院学报》2014年第6期。

〔3〕 关升英："美国司法公开制度及其启示——关于赴美学习考察司法公开制度有关情况的报告"，载《山东法官培训学院学报》2014年第6期。

〔4〕 倪寿明："司法公开问题研究"，中国政法大学2011年博士学位论文。

目前，各州法律普遍不排斥法庭直播，并将法庭直播的决定权交由主审法官行使，但是通常会选择适于法院内拍照录像的案件，哥伦比亚特区是唯一严禁在审判庭和上诉庭摄像的州法院，而纽约法院在一般情况下也不允许法院庭审直播，马里兰、缅因、德拉瓦3个州只允许对民事案件庭审进行直播。同时，美国部分法院会对庭审进行录音录像，但是仅供内部使用。

联邦法院在庭审直播方面的发展则较为坎坷。联邦法院系统对庭审直播一直持抗拒态度，甚至一度禁止对庭审进行录音录像。1991年7月，美国第二、第九巡回上诉法院以及美国联邦法院中的纽约南区法院等6个地区法院经批准实施为期3年的对民事案件庭审直播的试验项目。但该实验结束后，联邦司法会议拒绝批准在民事诉讼程序中扩大庭审直播适用范围，也没有允许刑事诉讼进行庭审现场直播。[1]1996年3月，司法会议授权各联邦上诉法院自行决定是否对庭审口头辩论阶段进行摄像直播。目前，第二、第九巡回上诉法院已经允许直播、录播。同时，社会围绕美国联邦法官法院是否要进行庭审直播的问题，也进行了激烈讨论。一些议员表示：影像传播进入最高法院的时机已经成熟，号召应该用这一代人已经拥有的技术手段，以争取用最好的效果来确保《宪法第一修正案》实施，并借以促成更加自由和开放的政府为民众服务，认为已经到了让阳光照进联邦最高法庭的时候了。而2010年美国新泽西州费尔利厄·迪克森大学"民意项目"调查结果则显示：60%的受访者认为对最高法院的庭审过程进行现场直播将更有益于民主。在C-Span（公共事务电视台）进行的民意调查中，有2/3的受访者希望摄像机能够进入最高法院。在2009年，美国有数十篇

---

〔1〕关升英："美国司法公开制度及其启示——关于赴美学习考察司法公开制度有关情况的报告"，载《山东法官培训学院学报》2014年第6期。

社论呼吁最高法院开放庭审。

目前，除了个别巡回上诉法院外，包括美国最高法院在内的其他法院基本不允许庭审直播，但是可以录像。同时，为了响应公众对司法公开的需求，表明联邦法院对司法公开的态度，美国最高法院会在案件审理后在法院官网公开庭审录音录像和文字记录，且提供所有的判决意见以供查阅。当日的庭审书面记录会于每日下午在美国最高法院官网（http://www.supremecourt.gov）上公开。

此外，包括加利福尼亚州北区法院在内的14个联邦地区法院开展了为期3年的"摄像机进法庭"（即庭审实况直播、录播）试点工作。但该试点工作只限于民事案件审理程序，并须征得当事人同意。试点法院的庭审录像目前不能同步直播，但是法官会尽快把录像放到互联网上。[1]

（二）英国

英国同美国一样，其对庭审直播的态度也经历了一个巨大的转变过程。

英国传统法律规定对庭审直播持禁止态度。比如1925年《刑事审判公正法案》第41条明确规定不得对庭审过程进行电视报道。法院甚至还可以要求媒体延迟报道某些案件。例如，1981年《藐视法庭法》第4节第2款规定："关于正在进行的诉讼程序或任何其他处于未决或迫近状态下的诉讼程序，当似乎有必要采取措施以避免对相关司法程序造成损害的时候，法院可以命令，在其认为有必要的一段时间之内，推迟对相关诉讼程序或诉讼程序某一部分所作的报道。"同时，《藐视法庭法》还明确禁止旁听人员使用录音机，只有法官拥有同意使用录音

---

〔1〕　关升英："美国司法公开制度及其启示——关于赴美学习考察司法公开制度有关情况的报告"，载《山东法官培训学院学报》2014年第6期。

机的权利，法律允许但不要求向包括记者在内的非当事人出售记录的副本。这是一项在司法实践中一直被严格遵守的禁令，对于任何案件都不例外。[1]2000年，在审判制造洛克比空难的两名利比亚人时，英国广播公司提出拍摄庭审过程未获批准。此后，有媒体要求在法庭外向全球控制站转播庭审情况，也遭到拒绝。[2]在此时，对于庭审的直播和转播仅允许语言文字报道，严格禁止通过音视频方式公开庭审，录音录像设备一律不得带入法庭。

但是，自2006年之后，英国对庭审直播的态度有所缓和，允许媒体直播部分案件的庭审过程，但是往往会为直播设置严格的限制条件。

2009年，英国最高法院成立。其在成立伊始宣布，允许电视广播对庭审过程进行直播。当时的最高法院执行官詹妮·罗表示，法院和广播机构已就直播庭审细节进行了商讨，她预计，媒体对大型案件的直播将非常感兴趣。"我们自己会将审理过程全部录制下来，如果媒体想要播出，我们会提供材料。"[3]但是此时，英国最高法院的庭审公开依然并不包括在庭审过程中进行直播。

2010年12月20日，英格兰及威尔士的首席大法官签发了《关于在英格兰及威尔士的法庭内适用推特等社交媒体实时文字报道庭审情况的临时性指导意见》。该指导意见指出，在保证司法活动顺利进行的情况下，法院应当坚持审判公开原则，但是依然绝对禁止摄影且未经法庭允许不得录音。如果确信在个案中社交媒体的实时文字报道不会对审判活动造成干扰，法院可

---

〔1〕 高一飞、祝继萍："英国微博庭审直播的兴起"，载《新闻与传播研究》2012年第3期。

〔2〕 参见倪寿明："司法公开问题研究"，中国政法大学2011年博士学位论文。

〔3〕 参见倪寿明："司法公开问题研究"，中国政法大学2011年博士学位论文。

以批准社交媒体进行报道。这一指导性意见允许向外界同步报道法院庭审活动，但是要求不得妨碍正常的司法活动。其标志着英国法院对庭审直播的态度从绝对禁止走向了相对开放，但是此时的直播仅限于推特等社交媒体。

2011 年，英国最高法院制定了《在法庭内使用推特等实时文字通信的指导意见》，规定由于最高法院的案件通常无关于与证人和陪审团的互动，因此最高法院法官允许记者、公众和法律团体利用社交媒体的实时文字报道使外部世界知道法庭上发生了什么。但是也存在例外情形，包括适用报道限制的案件，涉及儿童福利的家庭案件以及诉讼过程的发布会使得正在进行的陪审团审判产生偏见的案件。[1]

2011 年 2 月至 2011 年 5 月，经过向社会公众和相关从业人员征求意见，英格兰及威尔士的首席大法官签发了新的有关实时文字报道庭审情况的"正式指导意见"。法院认为记者和法律评论员由于受过良好的训练，一般不会超出司法报道的界限，不会对正常的司法活动造成干扰，故记者和法律评论员无需申请即可直接对庭审进行实时报道。普通民众则需要通过向法院提出正式的书面申请或非正式的口头申请，在得到法官的批准后使用社交媒体进行实时文字报道。同时，考虑在个案中，实时文字报道可能对案件的证人、陪审员造成不良影响，并且过多的移动电子设备的使用会干扰法庭设备的使用，干扰正常的法庭秩序，法院有权限制社交媒体的使用并且可以随时撤销许可。[2]

---

〔1〕　高一飞、祝继萍："英国微博庭审直播的兴起"，载《新闻与传播研究》2012年第 3 期。

〔2〕　高一飞、祝继萍："英国微博庭审直播的兴起"，载《新闻与传播研究》2012年第 3 期。

在苏格兰，直到 2011 年 2 月，苏格兰法院才首次允许社交媒体对案件结果进行报道。

对于视频庭审直播，目前英国还没有允许，不过英国最高法院目前已经解除了适用于英格兰和威尔士、北爱尔兰地区法院禁止录音录像的规定（苏格兰地区不存在此类禁止性规定）。开庭审理前确定允许部分主流媒体代表参与庭审的拍摄。[1]这些录像会被作为英国最高法院的重要档案加以保存，并在必要时为了用以广播新闻或者教育用途进行公开。

同时，为了更好地进行审判公开，对于具有重要影响的案件，英国最高法院会在官方网站发布案件摘要，以便媒体报道和公众了解案件的基本情况。每年的司法年度报告都会摘录英国最高法院在该年度审理的重大案件的裁判摘要。这样社会公众不必查阅案例全文即可对案件有相应的了解。[2]

（三）墨西哥

墨西哥是英美法系国家中的例外，其对庭审直播持非常积极的态度。早在 2005 年墨西哥最高法院便通过公共教育部的电视频道举行了全国最高法院全体会议的第一次现场直播。该频道开放上午 11 时到下午 2 时的时段，宣传最高法院以及其他司法机构的公开会议和其他有关节目。[3]并且，在 2005 年，墨西哥最高法院还获得了开设电视频道的许可，并且为庭审直播设置了专门的直播网页。

---

[1] 黄斌："英国最高法院司法年度报告的价值导向述评——以 2009-2016 年英国最高法院司法年度报告为分析文本"，载《法律适用》2017 年第 15 期。

[2] 黄斌："英国最高法院司法年度报告的价值导向述评——以 2009-2016 年英国最高法院司法年度报告为分析文本"，载《法律适用》2017 年第 15 期。

[3] 叶子豪："庭审公开的域外实践与中国经验——从新闻报道与公正审判的关系切入"，载《法律适用》2019 年第 17 期。

三、裁判文书公开

（一）美国

对于美国最高法院而言，其司法公开的重要内容之一即为裁判文书公开。为了进一步推动美国联邦政府机构更广泛地使用互联网并为公众提供信息和服务，2002 年 12 月 17 日，美国联邦政府颁布了《电子政务法》。该法律几乎涉及信息技术管理和规划的所有方面，从危机管理到电子档案、查询索引都一一做了规划。这一法律的出台使得美国裁判文书网上公开有了合法依据。

《电子政务法》要求处于联邦层级的各个法院都应当依法设立独立的官方网站，并在网站上公开裁判文书。公众可以免费获得所需的裁判文书，并且根据《电子商务法》，所有的联邦法院的官方网站都必须公开法院的联系方式和地址、案件的流程、与案件有关的实质性书面意见等信息，并且法院必须提供多种电子下载格式，例如 WORD 或者 PDF。同时，美国最高法院的官方网站设置了裁判文书公开专栏，这一专栏收录了自 2001 年以来存档的案件状态的完整信息。公开项目包括：庭审记录、判决摘要、判决意见（包括陪审团的少数不同意见）、法庭指令与公报。[1]

除了《电子政务法》，诉讼法的相关法律对裁判文书网上公开也进行了明确规定。根据美国《最高法院诉讼规则》，联邦最高法院裁决的任何案件宣判之后，判决书都必须在 10 分钟内上传至官方网站，由法院公共信息办公室负责提供。官方网站裁判文书公开专栏包括：庭审安排、庭审记录、判决摘要、判决

---

〔1〕　倪世成："我国裁判文书网上公开制度研究"，河北师范大学 2017 年硕士学位论文。

意见（含异议意见、协同意见）、法庭指令与公报。所有案件的判决书、诉状、答辩状、律师意见、"法庭之友"意见书，相关下级法院判决全部可以通过案号、案名、当事人名称进行查询。其他联邦下级法院的网站也参照最高法院网站，公开所有裁判文书和相关诉讼材料。[1]所有案件的判决书一旦上网就不得从网站上撤下。而且，法院应当充分利用现代科学技术，将上网的所有裁判文书以便利、适当的方式建立关联，方便检索、查询、对比和分析。[2]

同时，《电子政务法》非常重视在网络公开过程中对个人隐私的保护，要求对于涉及国家秘密、个人隐私的重要信息，不得进行公开。并且，联邦法院和州级法院均应当制定相关的条例保护个人隐私。每隔2年，各联邦法院就要向国会上报一份关于保护个人隐私实施情况的说明报告。[3]美国联邦法院明确规定的隐私信息包括四大类：社会安全号码；出生日期；银行账号；未成年人信息。但当事人不得滥用隐私权，要求法院隐去包括个人姓名（未成年人或性犯罪受害人除外）或企业名称在内的必要性内容。各法院每2年向国会上报一份关于个人隐私和安全条例的实施情况报告。[4]但是，联邦法院要求当事人在提交文件时主动隐藏隐私信息。根据联邦法院的规定，保护隐私的责任由负责文件归档工作的人承担，一般为律师。律师需要告知当事人案件文档可能被电子存档，并确保案件文档中

---

〔1〕 龙飞："域外法院裁判文书上网制度比较研究"，载《人民司法》2014年第17期。

〔2〕 关升英："美国司法公开制度及其启示——关于赴美学习考察司法公开制度有关情况的报告"，载《山东法官培训学院学报》2014年第6期。

〔3〕 高一飞、吕阳："域外刑事裁判文书上网比较与启示"，载《四川理工学院学报（社会科学版）》2015年第6期。

〔4〕 龙飞："域外法院裁判文书上网制度比较研究"，载《人民司法》2014年第17期。

不包含隐私信息。[1]

　　而美国各州法院目前也已经建立裁判文书网上公开制度。在州法院官网，民众可以通过检索案件的编号、当事人姓名、代理律师姓名、案件名称等信息查阅案件的全部审判信息，包括判决书、审判流程、争议焦点、相关案例等。但是，对于获取电子裁判文书是否要支付一定费用，目前各州的实践不同。比如，在俄勒冈州、得克萨斯州和西弗吉尼亚州等地区，公众需要支付服务费用才能获取电子版裁判文书；而在加利福尼亚州，公众则可以获得由法院提供的免费电子版裁判文书。

　　目前，在美国，除了法院各自的官网对裁判文书必须公开外，美国政府印刷署（GPO）还专门建立了联邦数据化系统（Fdsys），以此作为刑事裁判文书网络公开的系统。[2]公众可以免费使用美国法院电子记录公共访问系统（PACER）提供的服务，在网站上注册账号，进而查询到自己所需要的信息。美国对刑事裁判文书上网的时间有着极为严格的限制。在案件庭审结束7个自然日内，裁判文书应转交给书记员办公室，律师应负责核对查实，律师可于21个自然日内提出修改请求，法院在收到异议后31个自然日内决定要不要修改。如果无异议，或修改完毕，法院就要将裁判文书上传到电子记录公共访问系统上。[3]除此之外，在美国还存在一些私立数据库［万律（West-law）、律商联讯（LexisNexis）等］，用户支付一定的费用便可以查询已经公开出版或者未公开出版的司法意见书、诉状、答

---

　　〔1〕　倪世成："我国裁判文书网上公开制度研究"，河北师范大学2017年硕士学位论文。

　　〔2〕　龙飞："域外法院裁判文书上网制度比较研究"，载《人民司法》2014年第17期。

　　〔3〕　高一飞、吕阳："域外刑事裁判文书上网比较与启示"，载《四川理工学院学报（社会科学版）》2015年第6期。

辩状等有关信息。[1]

总体而言，美国的裁判文书网络公开主要有两种方式：第一种是未经校对、编辑的原始官方文本，其可以在法院网站和相应的数据系统进行查询；另一种是经过案件律师提出修改意见并经过修改、校对通过律商联讯（LexisNexis）等公司专门进行相关的案件文书整合，此为付费项目。

除了上述之外，美国还建立了电子案件文档管理系统，并予以公开。除了涉及国家安全和个人隐私的案件外，联邦法院的其他案件档案均被电子化并存储在对外开放的数据库中。公众在支付相应的手续费后即可浏览起诉状、辩护词，并且可追踪搜索个案意见书。例如，《伊利诺伊州法院数据统计法》（The Court Statistics Act of Illinois）就规定法院对外提供"司法信息、统计数据、与法院所受理案件或其他工作相关的报告以及与法院系统有效运转相关的其他事项"。[2]

（二）英国

在英国的传统规定中，非诉讼当事人不享有对司法文书的取得权，除非有法律作出了明确规定。1991年，大法官法庭的大法官尼克尔斯认为，司法文书并不属于可以公开获取的登记资料，而是由法院保存用、以维系诉讼程序有效运作的文件。社会公众在一定程度上拥有对司法文书的取得权，但这一程度仅限于法律的明文规定或法院在个案中给予的许可。[3]1999年英国的《民事诉讼规则》也认为，非诉讼当事人对于司法文书不享有全面获得的权利，比如判决、案件陈述基于司法公开原

---

〔1〕 王禄生："英美法系国家'接触型'司法公开改革及其启示"，载《法商研究》2015年第6期。

〔2〕 ［美］杰弗里·S. 吕贝尔斯："美国司法公开面面观"，林娜译，载《中国应用法学》2017年第5期。

〔3〕 王涛："英国普通法中的司法公开制度"，载《法律适用》2015年第1期。

则公众可以自由获得，而调解协议、当事人的信息文件等则需要基于法院允许才能获得。

不过，相较于美国，在裁判文书公开方面，英国裁判文书网上公开制度更为完善。英国最高法院出台的《最高法院信息公开方案》对裁判文书网上公开的具体制度进行了明确规定。其要求官方网站的裁判文书必须被设置在"已决案件"栏目之下，裁判文书的内容除了涉及隐私的基本信息外，要完整包括案件的相关背景、判决理由等内容。并且，英国提供判例查询服务，民众可以通过对判决日期、案件名称、细节等重点内容进行检索，提高查询质量与效率。

而对于在最高法院成立之前的判决，民众可以在英国上议院官方网站的"判决速递"栏目中查询，其包含 2009 年 7 月 1 日以前的判例。但是，值得注意的是，英格兰和威尔士治下的各法院并不存在独立的官方网站，只是通过司法机构网站进行统一的刑事裁判文书网上公开。司法机构网站会在新闻发布的栏目中，对法院的判例予以具体公告。

同时，为了加强裁判文书公开的时效性，英国最高法院于 2012 年 2 月 6 日开通了官方"推特"（Twitter）账号，于每周一至每周五的工作时段进行更新，内容主要包括最高法院的庭期日程表、最新判决的链接地址、官方声明或法庭通信等，最高法院每作出一个判决，其官方账号都会同步发布判决名称和判决书网络链接，以供市民查阅。[1]

在公开时间上，英国要求必须在案件宣判后的 48 小时内在互联网公开裁判文书。同时，英国对裁判文书公开的格式也有要求。在实践中，公开裁判文书的网站需要对文书进行归纳，

---

〔1〕　龙飞："域外法院裁判文书上网制度比较研究"，载《人民司法》2014 年第 17 期。

并根据判例的日期等进行排序，同时对其具体的名称信息等进行处理。而且，在提供完整的文书之外，网站还需要提供重点摘要文书的 PDF 版本，以便公众查阅并了解案件情况。

苏格兰的公开范围相对较小。苏格兰法院服务网的资料库栏目虽然也会公开相应的裁判文书，但是并非对所有裁判文书都予以公开，而是仅公开民众关注度较高以及对社会和法律有深远影响的刑事裁判文书。

北爱尔兰法院则在具体的法律服务网站进行裁判文书公开，也会按照时间对裁判文书进行排序。同时，其对 1999 年之后的裁判文书均进行了收录和公开。此外，在北爱尔兰的法律服务网站，如果无法查询或者案件文书没有进行互联网公开，民众可以联系网站的服务人员，以取得所要查阅的裁判文书。

（三）新加坡

新加坡的各级法院判决都会通过法院网站公开裁判文书，其中新加坡最高法院网站（http://www.supremecourt.gov.sg）在其"诉讼程序与法律法规"板块上设置了 5 个栏目，即审讯表与通告、刑事诉讼、民事诉讼程序、法规与指示、法院判决。公布的刑事案件文件包括案件编号、文书制作时间、犯罪嫌疑人基本情况、辩护律师情况、案件性质或主题词、审理时间、审理事实、裁判结论等。公布的民事案件文件包括案件编号、文书制作时间、双方当事人基本情况、案件性质或主题词、审理时间、案件基本情况、原被告意见、主审法官的裁判意见、结论等。[1]

---

〔1〕 龙飞："域外法院裁判文书上网制度比较研究"，载《人民司法》2014 年第 17 期。

四、"接触型"司法改革

英美法系主要国家从 20 世纪 90 年代开始普遍遭遇了不同程度的司法公信力危机。作为回应，英美法系国家着力推动以模式转型为目标的"接触型"司法公开改革。[1]

英美的"接触型"包括三方面：其一，通过公共教育项目，让法官作为教育者，直接到学校为学生讲解有关司法体系的基本知识，进而使公众更加了解法院的角色、地位和运作等基础知识，为公众运用法院视角审视司法问题奠定知识基础；其次，"社区接触"项目，由法官向公众传递司法理念和自己工作时所遭遇的掣肘，使公众对司法有更加清晰、明确的认知；最后，通过"媒体接触"项目，在提高媒体的司法知识储备的同时提升法院对具体司法事件的回应能力，以有效消减由媒体不精确和不完整报道所导致的公众针对司法体系的失望、沮丧和怀疑情绪。比如，在 20 世纪 90 年代后期，美国马萨诸塞州最高法院设立了"司法媒体委员会"。利用这一平台，媒体与法院得以就相关主题进行沟通：法院确保了媒体对司法的支持，而媒体也从此处获得了他们感兴趣的信息。[2]此外，媒体接触的重要内容还包括任命专门的法院信息官，与媒体进行沟通交流。很多法院的信息官都曾是记者，其可以从新闻传播的专业角度与媒体进行沟通。同时，通过信息官的帮助，美国法院日益强调使用社交媒体实现司法公开。

---

〔1〕　王禄生："英美法系国家'接触型'司法公开改革及其启示"，载《法商研究》2015 年第 6 期。

〔2〕　王禄生："英美法系国家'接触型'司法公开改革及其启示"，载《法商研究》2015 年第 6 期。

第二节　大陆法系国家互联网司法公开考察

由于大陆法系国家采取职权主义诉讼模式，因此法官对案件审理和裁判的掌控度较高，受到媒体和舆论影响相较于普通法系国家较小。但是在实践中，大陆法系国家和地区对互联网司法公开的态度却更为保守。

一、庭审公开

（一）法国

法国对案件报道持较为开放的态度，在其颁布的法律中，少数涉及媒体报道的多与国家安全有关系或者与当事人名誉权和公平审判有关系。[1]但是，其对庭审直播和录音录像有着极其严格的规定，之后虽然法律有所修正，但是法国对于庭审录音录像依然持保守态度。比如，《法国刑事诉讼法典》在1981年修正后规定"法庭审判长可以使法庭审理在其监督下使用录音机。录音机及其支架应当加封置于书记官能够看得见的地方"。由此可见，法国对庭审录音录像有着极其严格的规定。之后，法国于1985年设立了"法院视听档案"制度，即在审判法庭庭审辩论过程中不允许使用电视，但上诉法院第一院长在听取"视听档案委员会"的意见之后可以批准在庭审辩论中使用电视。[2]这一条款表明，在法国的刑事案件中，在一定条件下是可以对庭审现场进行摄像或者直播的。

---

〔1〕　参见叶子豪："庭审公开的域外实践与中国经验——从新闻报道与公正审判的关系切入"，载《法律适用》2019年第17期。

〔2〕　叶子豪："庭审公开的域外实践与中国经验——从新闻报道与公正审判的关系切入"，载《法律适用》2019年第17期。

（二）日本

日本相较于法国，在庭审直播方面持较为开放的态度。日本规定，除了特殊情况外，所有的刑事案件都必须公开审判，并且在遵守法庭秩序的前提下，新闻媒体可以进行自由报道，并且可以对庭审的活动进行拍照、录音或者电视转播。因此，是否能够庭审直播的决定权掌握在法官手中，如果法官允许，那么就可以进行庭审直播。

1991 年，日本最高法院颁布了《法庭内摄像取材的运用标准》。该标准对媒体在法庭内摄影采集进行了详细的规定。比如，对进入法庭的媒体数量进行限制，媒体需要进行协商并选出代表进入法庭，并且需要提前 2 天向法院申请。而对于媒体的区域以及摄像器材等也有具体规定。但是，值得注意的是，媒体的拍摄时间只限于开庭前的 2 分钟，此种意义上的法庭摄影严格来说并不是庭审直播。[1]从实践来看，在大多数情况下，日本对于媒体直播庭审是持拒绝态度的。

（三）德国

德国对于庭审公开的态度较为开放，但是，德国更多的是强调要限制公权力机关来保护新闻报道的权利。在庭审公开方面，德国联邦宪法法院通过一个判决确定了公开审理的原则："法院审理行为的公开化，并非德国基本法中明白规定的原则……只不过，法治国家常常使其为一个基本的体制。"[2]

德国联邦法院坚决反对庭审直播或者庭审转播。《德国法院组织法》第 169 条规定："录音和电视，广播录制以及为公开放

---

〔1〕 魏晓阳："日本庭审报道的取材自由及其法律边界"，载《国际新闻界》2012 年第 3 期。

〔2〕 陈新民："新闻报道权利与司法独立——一个比较法制的观察与分析"，载北京大学法学院人权研究中心编：《司法公正与权利保障》，中国法制出版社 2001 年版，第 188 页。

映或以发表其内容为目的之录音和录制影片,皆不许可。"2001年,德国在审理"政治局案"和"教室十字架案"时,德国的N-TV电视台向审判长提出申请,请求允许其派出摄影机工作队在辩论审理期间进入法庭并对辩论审理进行电视录制,且承诺不会影响庭审展开。但是,两个案件的主审法官都援引《德国法院组织法》第 169 条拒绝 N-TV 进行转播。于是,N-TV 向德国联邦宪法法院提起了宪法诉讼。德国联邦宪法法院判决驳回N-TV"法庭开庭录影案"的诉讼请求,理由有四项:①由基本法资讯自由原则和广播自由原则,皆不能导出有请求开放资讯来源的权利。②自《基本法》第 5 条第 1 项第 1 句产生之基本权,其范围包括当一项属于国家负责领域的资讯来源,根据法律预先规定应开放供公众使用,但国家拒为时,有向国家请求开放供使用的权利。③法庭之开庭辩论审理,属于资讯来源。关于其开放供公众使用的问题,由立法者在其安排设计法院程序之权限范围内解决。④《法院组织法》第 169 条第 2 句以法律规定,于法庭开庭时,不得录音和电视、广播录制,与宪法相符。最终,德国联邦宪法法院否定了法庭转播的开放要求。[1]

（四）巴西

整体而言,大陆法系国家由于审判主要以法官为核心,因此媒体具有极大的自由度,而民众对于庭审公开则没有较多要求。有学者认为,由于媒体和司法的关系相对缓和,媒体有广泛的自由权利对庭审案件进行报道,民众可以基于传统媒体获取足够的案件资讯,所以社会上没有强烈要求进一步公开的呼声。立法者也难有动力修订相关规定,推动互联网庭审公开的进一步发展。

---

〔1〕叶子豪:"庭审公开的域外实践与中国经验——从新闻报道与公正审判的关系切入",载《法律适用》2019 年第 17 期。

不过，在大陆法系国家中，巴西对庭审直播的态度极为积极。1992 年，时任总统德梅洛被国会弹劾，巴西总检察长向巴西最高法院提起刑事指控，巴西最高法院时任院长桑切斯大法官担心本案会引来超过法庭容纳空间的媒体、市民旁听，因此首次允许摄像机进入法庭，对该案进行转播。[1]之后，在 2002年，巴西正式建立了庭审直播制度，并设立了司法电视台和司法广播，通过这两个渠道对所有的庭审过程进行直播。之后，随着互联网技术的发展，巴西的庭审已经通过互联网直播方式予以公开。并且，巴西的直播内容不仅限于庭审过程直播，还允许对法官的评议进行直播。不过，这一点颇受争议。比如，美国联邦最高法院大法官阿利托就认为这并不是真正的审议。此外，巴西最高法院还开通了 YouTube 和推特账号，进行电视直播、及时发布庭审信息和制作庭审直播节目。[2]

二、裁判文书公开

以韩国为例。韩国裁判文书公开正式确立于 2011 年 7 月。韩国通过修订《民事诉讼法》和《刑事诉讼法》，增加了文书公开的相关内容。例如，修改后的《刑事诉讼法》规定，对于已经发生法律效力的判决书及其副本，证据目录及其副本，以及其他由检察官、被告人或辩护人向法院提交的文书、物品的名称、目录或相关信息，任何人都可以在卷宗存放法院查阅及复印（包括互联网及其他通过电子信息处理系统中的电子卷宗）。[3]此

---

〔1〕 叶子豪：“庭审公开的域外实践与中国经验——从新闻报道与公正审判的关系切入”，载《法律适用》2019 年第 17 期。

〔2〕 叶子豪：“庭审公开的域外实践与中国经验——从新闻报道与公正审判的关系切入”，载《法律适用》2019 年第 17 期。

〔3〕 龙飞：“域外法院裁判文书上网制度比较研究”，载《人民司法》2014 年第 17 期。

时，韩国公开的文书范围不仅包括裁判文书，还包括证据目录和副本以及其他相关的文件材料。但是，裁判文书公开使用的是非电子化方式，一般存放于法院内部并供公众查阅和复制。

2013 年之后，韩国增加了裁判文书网上公开的相关内容。但是，刑事裁判文书和民事裁判文书在公开方式上有所区别：对于刑事裁判文书，所有刑事判决书以电子及非电子形式公开，刑事和解案件的证据目录、记录列表以非电子形式公开[1]；而对于民事裁判文书，则要求其必须在互联网或者通过其他电子途径进行公开，以便公众通过电子化方式查阅和复制裁判文书。

同时，考虑裁判文书对当事人个人隐私的影响，韩国要求各法院在裁判文书公开之前对涉及的个人信息予以隐藏。根据韩国的规定，对于以下案件及情形依法予以禁止或给予必要的限制：①非公开审理的案件；②依据《少年法》第 2 条规定的与少年相关的案件；③存在共犯时易发生销毁证据或共犯潜逃的情形，或是关联案件的判决结果可能造成重大影响的情形；④对国家的安全保障可能造成显著危害的情形；⑤对当事人的名誉、隐私、生命、人身安全、生活安定或商业机密等可能发生显著侵害的情形，该情形仅限于诉讼当事人提出申请；⑥诉讼记录公开后有严重侵害预防恶性竞争及保护营业秘密有关法律的情形。[2]法院事务官要对有侵犯隐私权之嫌的个人信息进行非实名化处理或信息删除。非实名化处理的信息有：①自然人的姓名；②一般法人或公共企业法人（例如，电力公司、高速公路管理企业等）的名称，但国家或地方自治团体、公共机关、

---

〔1〕 龙飞："域外法院裁判文书上网制度比较研究"，载《人民司法》2014 年第 17 期。

〔2〕 龙飞："域外法院裁判文书上网制度比较研究"，载《人民司法》2014 年第 17 期。

行政机关维持实名；③当事人的住所地。需删除的信息则主要包括：①判决书内相关人等的身份证号；②判决理由部分所显示的地址、公司名、电话号、身份证号、车牌号、账号等。〔1〕

在公开方式上，韩国是通过大法院及法院图书馆主页"综合法律信息系统"公开裁判，供公众点击查阅的。并且，大法院及法院图书馆主页会设置"媒体报道判决"一栏，对媒体报道过的判决书以及具有重要价值的大法院及高等法院的判决进行公示。各级法院的判决则通过其门户网站的"本法院主要判决"栏目公开。〔2〕

第三节　域外互联网司法公开经验借鉴

从域外的司法公开立法和实践予以考察，我们可以发现，各国的规定在司法公开方面存在着一定的区别，但是依然存在一定值得我们借鉴的地方。

一、制定司法公开的法律

司法公开涉及审务公开、庭审公开、裁判文书公开等诸多公开范畴，在公开过程中同样也会涉及个人隐私保护、商业秘密保护等公民合法权益保障的相关内容，对此，许多国家和地区会通过法律明确司法公开的相关内容。比如，美国的《电子政务法》对法院裁判文书的网上公开进行了明确规定，日本《法庭内摄像取材的运用标准》对庭审过程中的媒体报道等进行

---

〔1〕　龙飞："域外法院裁判文书上网制度比较研究"，载《人民司法》2014年第17期。

〔2〕　龙飞："域外法院裁判文书上网制度比较研究"，载《人民司法》2014年第17期。

了细化。对此，我国可以从整体角度进行司法公开立法或者就司法公开内容单独立法。比如，制定相应的庭审公开、裁判文书公开细则，明确相应司法公开的标准、范围、制度保障等，以推动我国互联网司法公开的发展。

二、现代化技术与互联网司法公开的结合

互联网司法公开的基础条件之一在于依托互联网技术，借助高科技技术。比如，美国部分法院在网站设置了法院大楼"虚拟游览"模块，使公众对司法有更加切身的体验。巴西充分利用互联网发展的技术，通过完善的技术手段，控制庭审秩序和庭审信息的传播，大幅减少传统媒体直播和报道庭审过程带来的负面效果。我国在司法公开建设时，应当借鉴国外的数字化平台建设经验，突出平台的便利性和先进性，建设相应的网站平台，注重法院网站的宣传和教育价值，明确网站的服务功能并为公众提供查阅检索服务。

三、司法文书公开范围较大

从世界各国的相关经验来看，不论是英美法系国家还是大陆法系国家，其裁判文书的公开范围都较为宽泛。比如，美国可以查询与案件有关的所有实质性书面意见；韩国可以查询到相关证据目录；等等。我国目前仅仅将判决、裁定和决定进行网上公开，但是对于案件审理过程中涉及的证据材料等关键信息，公众则无法获取。这容易导致公众对裁判文书结果的不信任，也弱化了案件审理结果的说服力。

四、注重个人隐私信息保护

在司法公开的过程中，尤其是在裁判文书公开时，各国尤

其注重对个人隐私信息的保护。比如，韩国会对自然人姓名、一般法人或公共企业法人的名称、当事人住所地做非实名化处理，对于身份证号等信息则会予以删除。但是，域外的做法有所不同，我国在司法公开建设过程中需要注重公众知情权与个人隐私信息保护之间的平衡。

五、"接触型"司法改革的借鉴

公众信任危机产生的重要原因之一是由传统司法公开的弊端所导致的司法与民意的互动机制不畅。英美法系国家的"接触型"司法改革通过灵活的形式以及对媒体的综合运用，使得法院可以向公众传递正面的信息，可以在一定程度上化解司法认知困境。这是值得我国学习并予以进一步发展的。

在互联网环境下，司法公开需要能够准确地向公众传递正面、正确的司法信息，进而才能实现司法公开的核心价值。虽然我国与英美法系国家存在一定的区别，但是依然可以在我国现有模式下予以借鉴并进行完善。

对于英美法系国家的公共教育项目和社区教育项目，我国法院完全可以借鉴，通过法官深入社区、学校，在互联网上设置虚拟参观、法院介绍等方式，使公众能够对法院、司法等有进一步的了解。相较于枯燥无味的庭审程序直播、纷繁复杂的审务信息以及晦涩难懂的裁判文书，公众对于生动有趣的经典案例、法院的历史等可能更感兴趣。

同时，在我国司法公开改革和发展的过程中，应当注重双方的互动机制，尤其是民意反馈。英美法系国家"接触型"司法公开改革取得成效的关键就在于其注重对司法场域中的民意进行了区分，并分别采取了"事前干预"和"事后回应"的策略。[1]因此，我们可以通过公共教育对公众进行事前干预，传递司法理念，同时运用新闻媒体传递正确的司法理念，对容易引起舆论争议或者成为热点的案例进行事前干预和事后回应。

最后，合理利用和使用新闻媒体。不论是英美的"接触型"司法公开改革还是德国和法国的庭审公开，都尤其注意与媒体的关系。英美国家会较为注重媒体新闻报道的权利对审判的影响。因此，公众对于庭审公开也持较为积极的态度，而德国和法国由于媒体拥有较大报道案件的权利，公众可以获得案件信息，因此对庭审互联网公开的态度并不积极。我国在司法实践中也会涉及对媒体报道权利的界定以及如何运用媒体进行正面宣传、公开等问题。笔者认为，英美法系国家的媒体接触值得借鉴：一方面，在法院内部吸纳专业人才，包括新闻媒体专业人才和新闻媒体从业者，使法院可以合理利用社交媒体（诸如微博等）进行司法公开，回应公众的民意反馈，消除公众对司法的疑虑；另一方面，可以参考美国马萨诸塞州最高法院的做法，与媒体在案件报道方面积极沟通，提供准确的案件信息。获得媒体对司法的支持，最大限度地避免新闻报道给公众带来的信息误区。

---

[1] 王禄生："英美法系国家'接触型'司法公开改革及其启示"，载《法商研究》2015年第6期。

网上司法公开与媒体

司法宣传是连接司法公正与公众认同的桥梁。有效传播是司法宣传的生命和"落脚点",只有让公众充分理解、接受所传播的信息,才能发挥司法宣传的价值、重塑司法公信。[1]然而,与背靠公众知情权、参与权、监督权,以"阳光审判倒逼司法公正"的司法公开不同,司法宣传扮演着司法公信"推手"这一角色。由于带有强烈的主观、行政色彩,对其进行的研究讨论相对不足。尤其是随着司法改革的深化和新媒体时代的来临,如何用好宣传策略凝聚公众支持、破除司法"围城"成了人民法院不容回避的重要课题。本章将重点讨论在利用互联网进行司法公开过程中,如何更好地利用新闻媒体提升司法公开效果以及避免媒体、舆论对司法的消极影响。

第一节 媒体在推动司法公开中的地位和作用

2020 年 4 月 28 日,中国互联网络信息中心发布第 45 次《中国互联网络发展状况统计报告》。截至 2020 年 3 月,我国网

---

[1] 李鹏飞:"司法公正公众认同的心理解码与策略修正——基于法院司法宣传实践的实证分析",载《法律社会学评论》2015 年第 10 期。

民规模为 9.04 亿人，互联网普及率达 64.5%。[1]随着互联网时代的到来，网络作为一个崭新的平等对话、公共交往和自由表达的场域逐渐成熟壮大，网络舆论作为社会监督的方式之一，被称为"第四种权利"[2]。其影响在许多热点案件中发挥得淋漓尽致。回应民意对于如何建立审判与民意良性互动，最大限度地发挥民意的积极作用、彰显司法审判的正面价值而言具有至关重要的作用。

一、媒体在推动司法公开中的作用

现代媒体拥有十分强大的信息传播力量。广泛的社会影响和舆论监督作用使得司法机关无法忽视媒体的作用。实践中，司法部门向媒体提供的司法活动信息，通过媒体的广泛传播，在很大程度上实现了司法的公开、透明，满足了公众的知情权。媒体对逐步演进的司法改革的报道，回应了公众对司法改革的呼声、要求和愿望，推动了司法体制改革的加快和深化。媒体对法院业绩的传播，树立了人民法院的形象和权威，弘扬了社会主义法治精神和理念。[3]

（一）媒体是公民司法信息知情权的代行者

在通常情况下，公民的知情权往往是通过媒体来行使的，需要借助媒体来达到知情的目的。例如，案件审判常常会受场地等条件的限制，多数人不可能通过亲临现场了解情况。此时媒体便成了公民获知这方面信息的最好代行者，而国家有关司

---

[1] 数据来源中华人民共和国国家互联网信息办公室官网：http://www.cac.gov.cn/gzzt/ztzl/zt/bg/A0920010206index_1.htm，最后访问日期：2020年5月16日。

[2] ［美］唐纳德·M. 吉尔摩、罗杰姆·A. 巴龙、托德·F. 西蒙：《美国大众传播法：判例评析》（第6版），梁宁等译，清华大学出版社2002年版，第357页。

[3] 倪寿明："司法公开问题研究"，中国政法大学2011年博士学位论文。

法工作的方针、政策、法律、法规及其司法解释，司法工作的职权、任务及工作程序、办事规范以及司法工作的相关程序、过程等信息，群众也往往需要通过各种媒体的传播来获取。司法公开对司法机关而言是一种义务性规范，对新闻媒体而言是一种授权性规范，即国家将对司法工作情况的采访报道权利授予新闻媒体，让它们替代群众了解并公开报道司法工作信息，行使对司法工作的知情权利。

（二）媒体是司法公开的有效途径及手段

事实信息经过媒体的传播便被公之于众，人们通过新闻报道即可了解到有关事件的真实情况。这一信息传播的基本规律决定了媒体成了司法公开的有效途径及手段。媒体通过司法报道将有关司法工作的信息及时传播出来，进而实现了向公众公开司法机关及其工作人员的职务行为及业务运作情况。对尚未作出终审判决的案件是否允许报道曾经是一个广泛争议的问题。其实，审判公开包括审判过程的公开，自然应当包括对正在审判中的案件进行报道。如果不允许报道，事实上就等于将审判过程排除在了审判公开的范围之外。笔者认为，对尚未作出终审判决的案件不是能不能报道的问题，而是如何报道的问题，关键在于新闻报道必须严格按照审判过程的实际情况，提供客观、具体的事实材料，不应当夹带记者个人的感情。对这一案件的评论须能客观地反映公众依据事实所作的实事求是的分析和议论，注意掌握好所运用的事实的准确性，把握好所使用的语言和文字的度，避免进行煽情炒作，给司法机关施加压力。

（三）媒体是维护司法公正的必要条件

任何权力一旦失去制约都会走向腐败，这已为古今中外的无数事实所证明。司法权力也是这样，如果失去监督，便可能出现滥用的情况，以致失去平衡和公正，并最终导致腐败现象的发生。只有建立和健全必要的监督机制才能保证司法权力被合理、合法地运用，也才能保证司法的公正性，防止司法腐败现象的发生。而在对司法权力的监督和制约中，媒体借助舆论所形成的监督是最有效的途径和手段。我国《宪法》第41条规定："中华人民共和国公民对于任何国家机关和国家工作人员，有提出批评和建议的权利；对于任何国家机关和国家工作人员的违法失职行为，有向有关国家机关提出申诉、控告或者检举的权利，但是不得捏造或者歪曲事实进行诬告陷害。"公民对司法机关和司法人员的批评、建议、申诉、控告、检举权同样可以通过媒体监督这样一种形式来实现。因此，要维护司法的公正性，离不开媒体的司法报道，离不开媒体的舆论监督、新闻媒体的司法报道。可以将司法机关应当且宜于公开的各种司法信息公之于众，让社会与公众通过媒体报道了解案件审理及法官执法情况，进而发表看法，逐步形成有针对性的社会舆论，监督司法机关按照法律规范行事。

司法公信塑造是司法公开的核心目标，要求司法公开通过发挥影响公众行动的作用，宣示、传播司法行为，是一种"使认同"的过程，其独特要求应予考虑。

1. 媒体宣传处于辅助地位

司法公信塑造，要素有主有辅。司法宣传作为"推手"，一直都以辅助要素形式出现，而处于实质要素地位的应是司法公正、司法效率、司法队伍职业素养、司法效果以及公众法律素养等。在当前的司法宣传策略下，节点撞车、过度发布等问题显现，反映出司法宣传工作可能存在一定的越位问题。尤其是在过度强调宣传而不审慎透析执法办案核心业务实效的情况下，既难矫治过往所谓的"做得多说得少"的问题，又可能衍生"大话不少，效果没有看到"的尴尬。所以，司法宣传策略应当定位明确，在逐步落实"判决内的正义"的道路上考虑司法实践的客观现状，保持宣传与公正、效率的步调一致。

2. 媒体宣传面对三类障碍

司法公信的源泉在于公众认同、服从、信仰，而在"使认同"的道路上，存在以下客观障碍应当正视：其一，公众好恶与司法理性的冲突。司法理性，评判司法公正的标准蕴含法律精神的法意，[1] 而公众基于习惯和道德的"好与坏"评判标准占据主流，非黑即白的感性思维同司法理性有着天然的冲突。如在"快播案"中，部分网友对"色情淫秽""技术中立"的评价与现行立法理念存在较大冲突。其二，实体正义与正当程序的分野。"重实体、轻程序"观念久经批判但依然有其市场，部分公众仍然唯结果论，而忽视程序是否正当。其三，法律适用的边界问题。"灰"是法律适用边界上最难琢磨的色彩，一旦案件中出现不同寻常的法律适用难题（如新类型犯罪、罪与非罪、精神病或行为能力的鉴定问题等），社会公众自然会提出疑问。所以，正视并克服以上障碍，应是司法宣传不断强化的着力点。

3. 媒体宣传应预防"逆反"心理

受众面对宣传信息，一般存在"接收—接受—认同"这三个进阶。其中，认同是目标，关键在于前两步。然而，如果不顾受众实际"需求"而在短时间内推送大量无关的宣传信息，一方面会快速消耗受众的注意力，导致其对同质化信息产生厌倦；另一方面，由于受众天然具备"自由选择并摆脱外界干扰的倾向"，[2] 面对劝诱性过于明显的司法宣传信息，其内心可能会

---

〔1〕 扬凯："论民意与法益的冲突与平衡——关于网络舆论与法院审判若干问题的法理学思考"，载湖北省汉江中级人民法院编，郭卫华主编：《网络舆论与法院审判》，法律出版社2010年版，第22页。

〔2〕 李鹏飞："司法公正公众认同的心理解码与策略修正——基于法院司法宣传实践的实证分析"，载《法律社会学评论》2015年第0期。

产生选择自由被侵犯的感受，进而催生"逆反"的抵触情绪，以致宣传效果适得其反。故司法宣传说教、互动应因时而动、适可而止。

二、媒体推动司法公开的方式

（一）记者旁听审判

"公开审理的基础是允许旁听，记者当然有旁听权。"最高人民法院于 2007 年 6 月 4 日发布的《关于加强人民法院审判公开工作的若干意见》第 15 条规定依法公开审理的案件，我国公民可以持有效证件旁听，人民法院应当妥善安排好旁听工作。要求旁听的人较多，而法庭的容量总是有限的，如何"妥善安排好旁听工作"，既要靠理念上的更新，也要有技术上的周全考虑。上述若干意见规定：因审判场所安全保卫等客观因素所限发放旁听证的，应当作出必要的说明和解释。对群众广泛关注、有较大社会影响或者有利于社会主义法治宣传教育的案件，可以有计划地通过相关组织安排群众旁听，邀请人大代表、政协委员旁听，增进广大群众、人大代表、政协委员了解法院审判工作，方便对审判工作进行监督。实践中，法庭应当根据案件的影响，尽量选择较大的法庭审理。对于影响很大、旁听人员较多的案件，也可以安排其他不影响审判庄严肃穆的地方进行审判。还可以通过电视或网络直播的方式向公众公开庭审过程，将法庭延伸到人们的家中。2010 年 10 月，最高人民法院在全国范围内任命了 100 个法院为司法公开示范院，并下发《司法公开示范法院标准》，要求各级人民法院公开审理的案件允许当事人近亲属、媒体记者和公众旁听，不得为旁听庭审设置障碍。我国《刑事诉讼法》早就明文规定公民可以申请旁听公开审理案件，最高人民法院在标准中特别强调允许记者旁听，借以显示进一步以媒体来推动司法公开的决心。开庭时法庭秩序是第一位的，新闻记者的旁听必须服从庭审活动的需要。根据《民事诉讼法》的规定，最高人民法院可以制定庭审所必需的相关规则，这一规则必然涉及新闻记者对庭审活动的采访，记者应当遵守。

（二）记者采访

司法记者有自主地通过一切合法手段采集司法新闻而不受非法干预的权利。新闻界通常把新闻自由理解为采访自由、通讯自由、出版自由和批评自由，这些就是新闻工作者的基本权利。我国出版报纸刊物的规范，已有行政法规明确规定，在习惯上和观念上，采访权、报道权、批评权和评论权等也得到了公认并在法理上有据可循。我国《宪法》同样规定了言论、出版自由和进行文化活动的自由。记者的权利正是来源于此。特别重要的是记者的采访权、报道权和舆论监督权，不仅仅是新闻记者和新闻机构的权利，同时也是广大公众知情权和表达权的体现，是公众对国家生活、对国家工作人员监督权的延伸。近年来，我国加大了保障新闻机构和记者合法采访活动的力度。新闻出版总署于 2007 年 10 月 31 日发布了《关于保障新闻采编人员合法采访权利的通知》；2008 年又发布了《关于加强新闻采编活动保障工作的通知》；2009 年，新闻出版总署强调加强保障新闻媒体及分支机构、新闻记者的合法新闻采访权、舆论监督权等相关权益，维护新闻机构、采编人员和新闻当事人的合法权益，特别是保障新闻记者的知情权、采访权、发表权、批评权、评论权。在我国有关规定中，记者被视为普通的信息传播从业人员而不是享有某种特权的公务人员。例如，1979 年《人民法院法庭规则（试行）》规定了在庭审时允许记者采访，记者凭采访证可以录音、录像、摄影和转播，而 1993 年修改后的《人民法院法庭规则》却取消了这一条，规定记者旁听庭审时未经许可不得录音、录像和摄影。又如，1993 年《禁止证券欺诈行为暂行办法》把新闻记者报刊编辑、电台主持人列为知悉证券市场内幕信息的内幕人员，1998 年《证券法》不再有此规定，说明新闻记者已经不属于内幕人员，也就是不再享有知悉内幕信息的特权。法律法规的这些修改体现了这样的原则：记者知道是为了让公众知道，所以记者有权知道的，也就是公众应当知道的；公众不应当知道的，记者也无权知道，记者不应当有比公众更多的特权。

（三）公开发表报道

新闻的目的在于公开，报道是其最重要的一环，没有报道就没有公开，公开后的信息在开放的环境中流通，媒体无法加以控制，所以报道的杀伤力是巨大的。而对记者采集到的信息，仅仅为新闻媒体部分人所知道，是在一个封闭的圈子内流通，对信息的知悉对象易控制，在采访中所获信息不宜公开，媒体不公开就能补救，这需要赋予媒体和新闻从业人员以充分的公开发表报道的权利。

（四）发表司法评论

言论自由作为公民的一项基本权利被写入了《宪法》。媒体发表司法评论是表达自由的一部分，是民主社会实行法治的基础，媒体自由发表司法评论的权利高于司法权力，其本质是公民权利高于国家权力，媒体有监督司法的权利。司法可以强制当事人履行其裁判结果，但不应限制当事人及其他民众通过媒体对其公正性表示质疑；对媒体报道反映的当事人及其他民众言论的观点，任何人都可以表示不赞同，但必须尊重和捍卫它。美国开国元老、《独立宣言》起草人之一汤姆斯·杰费逊有过一句颇为经典的名言："如果由我来决定，有政府而没有报纸，或者有报纸而无政府，我不会任何迟疑的选择后者。"从这个角度来看，独立行使司法权与新闻自由虽然都是民主社会的重要价值，但当对两者进行平衡时，新闻自由应当是放在第一位的，不能因为司法的原因而对媒体作特别限制，司法不是媒体不能评论和报道的特殊范围。在司法过程中，媒体评论立场可能与司法机关的结论不一致，评论也有可能是负面评论，这些都是正常的。在一般情况下，新闻舆论对司法审判善意和建设性的评论，对于司法实践而言是具有积极意义的，对于司法公正是具有促进作用的。司法机关的权威和形象是建立在公正执法基础之上的，新闻媒体要维护、社会各界要维护，但是更要靠司法人员自己来维护。[1]

三、互联网条件下媒体的传播规律

加拿大传播学家麦克·卢汉曾说，媒介最重要的方面并不是根植于与文化内容有关的各种问题，而是在于传播的技术。[2]随着信息化建设的升级，互联网、移动客户端、自媒体等与传统媒体截然不同的新型媒介快速涌现，互联网传播规律不容忽视。

（一）碎片化阅读模式成为选择

新媒体时代，公众获取信息的阅读模式超脱了传统媒介载体容量有限、文本结构线性、逻辑单一的桎梏，呈现出海量、无限，形式多样，与超链接交互关联的阅读生态。同时，搜索引擎赋予了公众主动选择的可能性，促使阅读模式同现代社会节奏高度契合，碎片化阅读模式成为选择。就司法宣传而言，应考虑三方面关系：其一，信息浅表化与逻辑严密的关系。碎片化的特征是"像一个美食家一样不断浅尝辄止，迅速消化与吸

---

〔1〕　倪寿明："司法公开问题研究"，中国政法大学 2011 年博士学位论文。

〔2〕　［加］马歇尔·麦克卢汉："媒介及讯息"，载［加］马歇尔·麦克卢汉：《理解媒介：论人的延伸》，何道宽译，译林出版社 2011 年版，第 4 页。

收、抛弃与更新、理解与遗忘"[1]，只有最直接明了、浅表易理解的信息才能快速被受众接受，但司法信息本身所具有的逻辑连贯、思维严谨特点与之存在矛盾。其二，"标题党"与"内容为王"的关系。"标题党"注重快速引来关注，而"内容为王"则是司法信息支撑宣传的关键，两者间应找到平衡点。其三，信息精品化和可视化的关系。精品化反对庞杂、冗长，可视化强调利用视觉思维导向。因此，司法宣传固有的古板、严苛经拆解、包装才能更好地适应新的阅读模式。

（二）用户体验的重要性与日俱增

传播规律变化后，用户体验的重要性显现。纵向上，在媒介选择方面，不同媒介决定信息不同的传播、展示和组合方式，通过规律、逻辑的版面排列、视频剪辑，介入受众视觉和感知空间，定义着公众思考角度、尺度和速度。[2]因此，"两微一端"新媒体快速发展，并以其独特的人性化、交互设计赢得了公众的认可。横向上，在个性化感受差异方面，不仅只停留在诸如视窗渲染、排版设计、功能列举等技术层面，司法宣传在个性化感受方面还应考虑媒体服务定位，注重对人的使用价值和情感价值。

（三）网络交互带来机遇挑战

技术进步助推移动互联功能不断强大，使其开放、互动、信息集散分享、功能复合等特性迅速发挥作用。[3]信息传播渠道、效率持续增强，给司法信息传递、表达带来了巨大挑战。

---

　　[1]　胡赳赳："浅阅读现象学：从潜阅读到浅阅读"，载《新周刊》2006年第4期。

　　[2]　蔡骐："移动互联时代的阅读变迁——对浅阅读现象的再思考"，载《新闻记者》2013年第9期。

　　[3]　蔡骐："移动互联时代的阅读变迁——对浅阅读现象的再思考"，载《新闻记者》2013年第9期。

宣传部门利用新媒体同公众"交互共融"时，司法机关如何回应，行为如何规制，是否可能有损司法尊严、造成司法不公？这些问题均需要通过制定司法公开策略予以建构、塑造。

第二节 媒体在推动网上司法公开中存在的问题

一、司法被动回应中的问题

（一）各自为政，系统性机制未建立

虽然案件舆情爆发集中在法院阶段，但司法回应民意是一项系统性工作，其不仅要求回应的及时性，也强调回应的一致性和官方性。这三大要求既需要公、检、法分工负责，也需要相互配合，更需要在法院机关上下级和内设机构建立联动、高效的统筹管理机制。在"于欢案"中，公、检、法均通过官方微博进行了回应。2017 年 3 月 25 日，"济南公安"首先表态"情感归情感，法律归法律，这是正道！"后配图"毛驴怼大巴"引发舆论批判。次日，山东公安、山东高法、最高人民法院、山东省人民检察院、最高人民检察院先后表态。5 月 28 日，在山东高院二审审理阶段，最高人民检察院在答记者问中就于欢行为具有防卫性质表态发声，虽然赢得了公众广泛赞誉，但也招致法学界及其他人士的批判，认为最高人民检察院作为国家法律监督机关行为欠妥当，是不尊重和肆意侵害法院的审判独立的表现。[1]

（二）被动回应，日常性监测不到位

司法公开的要求打开了公众关注司法案件的大门；网络媒

---

〔1〕 参见微信公众号"顽石的法门"："最高检在判前不宜就于欢案答记者问"，最后访问日期：2020 年 5 月 19 日。

体的普及赋予了公众一窥门后世界的可能。然而，很多法院对待民意问题仍然持消极态度：缺乏主动应对，舆情出现前的预测防范不足。"于欢案"具有一定的特殊性，在一审审理阶段，承办法官即应当认识到本案关系母子伦常、涉及高利借贷、牵扯公安执法，还可能具有防卫性质，是极易引起民意关注的案件类型。但是，在"于欢案"一审审理阶段，审判庭室与新闻部门并未做好相应的舆情应对方案。一审判决书"经审理查明的事实"部分并未对案件全貌作出细节性描述，"本院认为"部分也未能针对控辩双方争议焦点问题进行情理与法理的详细论述。上述问题是导致"于欢案"舆情不断放大的原因之一。

（三）次生危机，审判独立性遭质疑

我国《宪法》第 131 条规定："人民法院依照法律规定独立行使审判权，不受行政机关、社会团体和个人的干涉。"媒介审判（trial by media）是指新闻媒介超越正常的司法程序对被报道对象所作的一种先在性的"审判预设"，是媒介利用其公开报道或评论对司法公正的干预和影响。[1]媒体如果超越了舆论监督的合理界限就会侵犯到司法的独立性。不可否认，"于欢案"中新闻媒体的大肆报道是形成"民愤"[2]及对被告人于欢"民怜"[3]的主要原因。其中引发"民怜"的许多媒体报道（包括《南方周末》首发的《刺死辱母者》一文的关键部分）均与法院判决认定的事实存在出入，甚至被称作"新闻报道的创作行

---

[1] 参见商登珲："新媒体视野下媒介审判与司法公正的博弈——以'药家鑫案'为例"，载《西南石油大学学报（社会科学版）》2013 年第 3 期。
[2] 刑事领域存在的民愤有两种：一种是针对犯罪，即社会公众对现实中已经发生的恶劣的犯罪行为进行谴责；另一种是针对司法行为，即司法机关作出的不符合预期的司法行为，造成公众的不满。冀祥德："民愤的正读——杜培武、佘祥林等错案的司法性反思"，载《现代法学》2006 年第 1 期。
[3] 民怜是公众基于对犯罪行为人的同情而产生的一种悲悯情绪。张玲萍："民意与刑事司法的关系研究"，厦门大学 2018 年硕士学位论文。

为"。"但公众显然更愿意相信记者所写出来的新闻报道。毕竟，新闻报道的文字更生动、更具画面感、更具感染力。"〔1〕但法院并未就产生如此大影响但细节非真实的案件报道作出回应，亦未见对个别煽动性误导性媒体、网络"大V"的言论有任何惩处。正因如此，"于欢案"二审宣判后，又带来了新一轮小范围的次生危机，一小部分网友认为这是"司法对舆论的妥协"。

二、司法主动宣传中的问题

当下，司法宣传借鉴改革司法信息公开的经验，以矫治过往宣传不发声、被动发声、遇到问题才发声为目标，将主动设置议题、丰富宣传形式、凸显"与民共融"作为主要宣传策略，取得了一定成效。但由于对司法宣传定位存在偏差，"对内"服务的惯性思维依然存在，加之过度追求短期轰动效应，三项主要策略逐渐凸显出非理性的一面，存在异化为节点撞车、形式主义、娱乐司法的客观危险。加之，在过度追求短期轰动效应的心理作用下，宣传部门依托权威发布，凝聚社会共识，为司法公正、司法中立保驾护航的功能设计并未真正实现。

（一）主题同质化问题

以笔者所在的B市三级法院为例，法院媒体建设将官方微博、微信公众号、人民网客户端（或今日头条政务端）作为"两微一端"主要架构，形成了新媒体发布群落，在重要宣传节点，三级法院均主动发声，同时推送大量宣传信息，基本形成了海量、常态化发布态势。由于信息结构类似，主题同质化严重，节点撞车在所难免。由此可见，在节点撞车的情境下，宣传难以发挥较好作用。

---

〔1〕 参见微信公众号"CU检说法"："在评论于欢案之前，能告诉我你评论的基础是什么吗？"，最后访问日期：2020年5月19日。

（二）内容形式化问题

司法实质性公开要求满足公众实际需求，只有公众知情权需求得到满足，监督才会坚实有力，此观点同样适用于媒体的司法公开宣传。笔者梳理如下：①公众对司法改革进展成效及大要案审理情况较关注。在受众层次方面，大学生群体更关心前者，而居民的注意力焦点则多集中于大要案审理情况；②法官群体对宣传多保持克制，一致认为普法教育是最"安全"的宣传手段。综上所述，受众的实际"需求"同法院信息"供应"间存在较大裂痕。由于观念保守，所以法院在媒体发布方面同质化严重，所供信息多为"选择性""无害"信息，折射出了司法宣传避重就轻、内容形式化的状况，解释了为何司法系统内部动作频频，但外界却反应冷淡，即实则是大量司法资源投入到了关注洼地，未能取得与之匹配的正向宣传效果。

（三）司法娱乐化问题

司法宣传和司法公开是司法公信塑造的"推手"，不能成为满足受众一应诉求的"灵丹妙药"。当前，为矫治过往沉默被动、脱离群众等问题，在过度追求短期轰动效应的心理作用下，如下场景出现了。

案例1：从"深度互动"到"口水大战"。2019年11月11日，B市某院推出"光棍节"干警不畏艰辛坚守岗位主题微博，全文约600字，采用描写带病工作、带孩子工作、怀孕工作的场景图26幅，并辅以"小编的眼角已经湿润""但他们的脸上却洋溢着灿烂的笑"等话语，意在以"深度互动"引起社会的理解、关注、支持。当天，某知名大V发文批判，引用新华社、人民日报的观点"炮轰"加班、熬夜，直指司法系统"案多人少"矛盾、宣传"苦大仇深"问题，微文阅读量迅速攀升过4万，获赞900余条。后该院宣传部门与此大V纷纷通过留言、撰文等形式展开"口水大战"引发公众大量评转，最终不了了之。

案例**2**：从"任性发布"到"公众围观"。2016 年 1 月 20 日，C 市某法院对某离婚纠纷案宣判，裁判文书大尺度引用《圣经》观点，"圣经判决"由此走红。2016 年 6 月 27 日，J 省某法院对某离婚纠纷案创出"诗意判决"，各类报道一时间此起彼伏。经统计，两事件发生后，法院官微分别被十余家转评，《"史上最拽"判决书》《"诗意判决书"的情怀要"卖"给谁？》等报道开始大量出现，裁判说理尺度引发讨论。在后期评论倾向性分析中，几种声音占据相当比例："法院是解决问题的？还是哗众取宠的？""法官都想当网红了，不喜欢""随你怎么写，我们就是看笑话的"。

案例**3**：从"吸引公众"到"用力过猛"。2017 年 1 月 7 日，"快播案"首次开庭审理，直播过程中，被告人王欣及律师团同公诉人展开"精彩"抗辩，被大量网友"点赞"，还被制作成语录、图片到处流传。一时间，"快播无罪""今夜我们都是快播人"等口号甚嚣尘上，民意在一片欢乐、沸腾的气氛中渐渐跑偏，给司法机关带来了巨大舆情压力。从上述场景可以看出，媒体的司法宣传同公众的"过度共融"可能催生舆情，宣传引导虽具备平复功能，但"治标不治本"的做法很可能在无形之中贬损司法公信力。在网友的各种"围观""狂欢""讨论"中，司法娱乐化倾向显现，这样有损司法威严。

第三节　舆论对司法的负面影响

舆论，是伦理习惯的一种近代形式，它是组织在各种各样的自愿联合之中的。当伦理发展的结果产生了道德体系时，就会出现一种法律发展的阶段，在这个阶段中，人们试图将法律和道德等同起来，使一切道德戒律本身也成为法令。[1]实际上，具体事实、法律事实与新闻事实之间时有巨大的张力，法律认定的事实并不一定是客观真实，舆论认定的事实也并不一定是法律事实。代表法律权威的司法与代表社会舆论的媒体常会就某一事件的判断或定性产生分歧。在权力资源的配置格局中，司法权与舆论监督之间似乎有天然的"矛盾"，司法要求权威的判断权，舆论要求监督与质疑，两者的边界、界限何在？纵然"公开是最好的防腐剂"，我们也看到了大量"冤假错案"改判背后的舆论力量，可由此产生的公众对司法的不信任感又有几何？媒体不是不能监督，关键在于如何监督以及监督者如何自律或他律的问题，尤其是在自媒体（社交媒体）如此便捷与盛行的当下。正如有学者指出的，舆论介入司法具有合宪性与必然性，网络的技术性嵌入使得二者的紧张关系在群体传播语境下呈现新的特征。在司法公信力缺失与媒介功能失位的背景下，舆论介入司法表现出既相互矛盾又高度融合的双重价值。[2]

司法向新闻媒体公开，接受传媒的监督，是一国司法民主、公正的标志。但是，无论在哪个国家，传媒的监督与司法体系的良好运作之间总是存在相当复杂的关系。应当看到，传媒监督是一柄"双刃剑"，它既可以起到宣传社会主义法制、推进司法公正、防止司法腐败的作用，也可能成为损害司法公正的工具。随着我国司法制度改革的进一步深化、审判公开制度的大力推行，以及传媒监督的积极活跃，传媒与司法之间的冲突日

---

〔1〕　［美］罗斯科·庞德：《通过法律的社会控制》，沈宗灵译，商务印书馆2010年版，第11页。

〔2〕　吴如巧、盛夏："舆论介入司法的价值批判——兼论涉法报道中对媒介的多元化规制路径"，载《法治论坛》2017年第2期。

趋明显和频繁。如何探索二者的最佳平衡点，使传媒监督与司法公正既相互促进又互不侵犯，是我国当前亟须解决的一个重大理论与实践问题。[1]

实践中，传媒与司法冲突体现在两个方面：一方面，司法机关在对媒体人表示审慎欢迎的同时，存有防范和抵制的心态；另一方面，传媒对审判活动的监督不够规范，任意性较大，不能客观、公正地报道，经常对未审结的案件仅仅根据自己掌握的并不全面的情况加以评论，有些新闻监督甚至成了新闻"干预"。具体而言，主要表现在以下几个方面：

（1）司法部门防范抵制，传媒监督受到限制。传媒监督就自身的功能来说，其辐射面是很广的。但在实践中，传媒对司法的监督一般只着眼于两个方面：一是极少数的具体案件；二是个别司法人员的违法乱纪或腐败行为。而对司法机关的全面工作、外界对司法活动的种种干扰等则较少涉及，没有发挥传媒应有的监督作用。

（2）传媒监督不够客观，干扰司法公正。新闻的真实性、传媒监督的客观性是传媒的生命所在。但是，有些传媒监督却失去了客观性；或者所报道的案件明显倾向于一方当事人，或者对某一事件或某一司法人员的抨击与事实出入很大；或者对问题的揭露和评论只说其一，不讲其二；等等。不仅混淆了是非，误导了公众，而且干扰了司法活动的正常运行，影响了司法公正。

（3）忽视司法特性，监督"越位"现象突出。独立性、公开性、程序性、权威性是司法活动的特性。传媒作为监督者必须搞清监督对象的这些特性，既要按照其公开性全面监督，大

---

[1]　刘春来、刘玉民："论传媒与司法关系的重构"，载《人民司法》2004年第7期。

胆监督，又要在监督过程中尊重其独立性、程序性、权威性。但在实践中，越位监督的情况比较多见，最突出的是不尊重司法的独立性和权威性，对法院正在审理的案件不负责任地加以评论，干扰司法机关独立办案，影响司法公正。

第四节　正确处理司法公开与媒体的关系

从法律上明确传媒的地位，既要给予传媒在更大范围内实施监督的环境和条件，又要强化对传媒行为的合理化约束，提高传媒监督的总体水平，改革司法体制，通过完善司法制度本身确保司法公正，减少司法公正对外部因素的依赖。

一、规范司法公开各项制度

（一）健全审判信息公开制度

法律曾经以秘而不宣来维持神秘权威的形象，但如今加强司法公开已经成为落实宪法法律原则、保障人民群众参与司法的重大举措。目前，审判流程公开、庭审活动公开、裁判文书公开、执行信息公开四大平台全面建成运行，在保障人民群众知情权、参与权、表达权和监督权等方面发挥了重要作用，但仍存在如下可改善之处。

一方面，整合信息公开平台，形成一站式公开。四大审判信息公开平台涵盖程序、庭审、文书和执行四大领域，同一案件不同阶段需前往不同的信息公开平台，完成不同的流程。不仅如此，各地方法院亦有名称不同、种类多样、划分精细的诉讼信息服务平台。各种不同诉讼"服务"平台"各行其是"，不仅是当事人的诉累，也在无形中造成了法院工作人员的重复劳动。整合形成一站式审判信息公开平台既是提高司法为民之举，也是普及司法审判运行模式的宣传之策。

另一方面，创新信息公开模式，形成专业技术团队。在移动端 APP 成为当前网络主流的情况下，中国庭审公开网手机客户端评分为 2.6 分；裁判文书网手机客户端评分为 2.0 分。一个优秀的信息公开平台应当做到运行稳定、功能齐全、界面清晰、操作简洁、更新及时。培养专门、高效的技术团队，做好信息化法院背后的技术支持是在打牢审判信息公开制度的根基。

（二）创新裁判文书制作制度

裁判文书是对人民法院的裁判过程、当事人对争议的事实以及法律问题进行诉辩的诉讼过程，以及人民法院对裁判依据的法律进行论证的过程和法律适用过程的真实记录。[1]正因裁判文书是司法审判的全记录，其才成了司法审判回应民意的最佳名片。在裁判文书制作方面，可以略行创新，着手于以下两点：

一方面，融情理入法理。"法律并不是冷冰冰的条文，背后有情有义。要坚持以法为据、以理服人、以情感人，既要义正词严讲清'法理'，又要循循善诱讲明'事理'，感同身受讲透'情理'，让当事人胜败皆明、心服口服。"[2]一篇优秀的裁判文书不仅要"释明法理"，亦应"讲明情理"，对"法理"的理解是法官的强项，但引起民意抨击的案件大多忽略了公众的"情理"需求。

另一方面，以范本建指引。我国已经建立起了比较完备的指导性案例制度。以此为鉴，建立裁判文书范本制度也是提高裁判文书质量的有效之举。法院系统内部可以加强挑选撰写格

---

〔1〕　刘瑞川主编：《人民法庭审判实务与办案技巧》，人民法院出版社 2002 年版，第 627 页。

〔2〕　习近平总书记 2019 年 1 月 15 日在中央政法工作会上发表的重要讲话。

式标准、论述事实清晰、分析说理优秀的裁判文书作为范本，通过选拔编制成册。另外，最高人民法院发布的指导性案例在裁判文书说理方面也应当起到范本作用。[1]

（三）完善人民陪审员制度

人民陪审员"同法官有同等权利"，该制度引入了民意直接参与审判机制，缓和了民意与司法的直接对抗。[2]同时，人民陪审员制度也缓和了民意大众性与审判职业性的冲突。现行法律仅要求人民陪审员具有高中以上学历，并以条文形式明确排斥法律从业人员参与，把民间的智慧和非职业的技巧带到审判中，弥补了法官知识和智慧的不足。[3]

但在司法实践中，人民陪审员多为员额法官不足时的替补，由法官与人民陪审员组成的合议庭多沦为承办法官独任制审判。在法律已经给予充分制度支撑的情况下，为避免陪审形式化，真正使得人民陪审员制度成为司法审判与民意沟通的桥梁，我国还需明确：

（1）明确人民陪审员责任并建立追责机制。人民法院及司法行政机关给予人民陪审员基础性培训，将庭前阅卷、参与庭审与庭后合议等合议庭职责作为人民陪审员参与审判的义务，并建立相应的监督及追责机制。

（2）明确必须由人民陪审员参与的案件类型并引入程序瑕疵机制。现行法律虽规定了由人民陪审员和法官组成合议庭的案件类型但并无强制性规定，导致规定被束之高阁。在兼顾司

---

〔1〕凌斌："法官如何说理：中国经验与普遍原理"，载《中国法学》2015年第5期。

〔2〕参见卢志刚："刑事司法回应民意机制的构建"，载《理论月刊》2012年第2期。

〔3〕参见张光杰、王庆廷："历史、背景、法理、法律——对我国陪审制度的四维解读"，载《南京工业大学学报（社会科学版）》2005年第2期。

法审判效率的前提下，明确特定类型案件必须使用人民陪审员参与庭审，并将之作为法定程序以保证令行禁止。

（3）明确合议庭评议案件细则。最高人民法院《关于适用〈中华人民共和国人民陪审员法〉若干问题的解释》规定了人民陪审员参与案件评议的大致流程，但较为笼统。在合议庭评议时必须充分保证人民陪审员询问、质疑及发表意见的权益，并如实记录。

二、规范媒体推动司法公开的方式运用

新媒体时代鼓励司法机关介入移动互联、媒体融合，通过运用个性生动、网民熟悉的语言和对话，推动司法信息公开及法律知识传播。但司法的严肃性同网络交互的娱乐性存在冲突，司法宣传信息发布应保持审慎态度，在顺应时代潮流、实现网络功能发挥的同时，预防公众产生娱乐司法的误解，继而对司法公正产生怀疑。笔者认为，可以从司法宣传网络语言界限和"大 V"言论规制两个层面厘清：

（一）媒体宣传网络语言界限

语言交际原则认为语言只要能够交际得好且得体，可以同意替换，达到交际目的，就应是合乎规范的。[1]然而，我们要防止司法宣传信息网语化对既有司法语言规范、司法语言文明产生冲击和影响，应通过语言交际原则对网语进行甄别。实际上，语言规范的目的是便于人们交际、思维、认知。首要因素是交际，即司法宣传信息发布时应甄别出能够等价替换的网语，并考虑语言中的"文意"与"实质"。"实质"指实际表意，较难替换，而"文意"则指语言得体程度。如三八妇女节维权宣

---

〔1〕 陈春雷："从失范走向规范——关于网络语言影响及规范策略的思考"，载《学术界》2011 年第 4 期。

传中，用"美眉"一词可以借代"妹妹"，内涵丰美，能够满足网络交际需要，又颇有传统审美意趣，合乎规范。[1]但如将"这样"说成"酱紫"，虽然"实质"上能够理解，但仅仅源于谐音，整体表达使人费解，无美感，不宜适用。再如"TMD""城会玩""天啦撸"等词语文意缺失，甚至有不雅倾向，有损司法公信，不应使用。

（二）媒体宣传"大V"言论界限

司法宣传信息发布的主体是各院新闻宣传部门，但随着信息化和媒体融合，法官"大V"也日益增多，其言论在无形中成了各院司法宣传的重要组成部分，相关界限应予讨论：

针对亮明身份的"大V"。如"法影斑斓"之与最高人民法院何帆、"桂公梓"之与江苏高院桂公梓等，实名运行个人微信公众号，由于法官身份的特殊性，其个人通常难以超脱身份性、群体性，发布的信息基本等同于司法宣传。"法官必须牢记，他们的公开评论可能会被视为整个法官群体观点的反映；人民很难讲某个法官表达的观点视为纯个人观点，而非全体法官的普遍观点。"[2]所以，亮明身份的"大V"应严格按照《法官职业道德基本准则》及《法官行为规范》关于庭审语言、文明言论、语言严谨、保密义务、慎言义务的规定，在多数情况下避免与公众共同评论、探讨具体的案件、热点争端、舆论场不理性看法等，防止陷入无休止的辩论和冲突。如果司法宣传介入到社会热点或意识形态争端之中，倾向或是评论某一观点，其行为很容易引发公众对中立的司法产生怀疑。

针对未亮明身份的"大V"。相对于亮明身份的情形，未亮

---

[1] 陈春雷："从失范走向规范——关于网络语言影响及规范策略的思考"，载《学术界》2011年第4期。

[2] 孙笑侠："论法官的慎言义务"，载《中国法学》2014年第1期。

明身份的"大V"承担相对较弱的言论要求，但从界限上，应避免错误、不恰当的言论。如国外出现的"移民福利津贴"论、"享受强奸"论及国内引起热烈争议的云南李昌奎案"标杆"论、河南法官"尿不湿"论等，均因歧视性或偏见的言论惹来了社会巨大声讨。因此，只有法官内心保持谦和、谦卑、谦抑的态度，司法的尊严和信誉才会逐步形成。

三、规范民意回应机制

司法审判对民意的个案回应永远只能"被动挨打"而非长远之策，建立法院网络舆情应对体系才能化被动为主动，构建起司法审判回应民意系统性、高效性、权威性的机制。

（一）事前：网络舆情预警机制

在司法场域下，司法回应民意的及时性在很大程度上影响着舆情的形成与发展动向，而事前的监测和预警制度便是釜底抽薪之策。

（1）充分利用大数据技术。法院立足网络场域现实，充分利用大数据技术，既可以整合历年引发公众关注的案件特征，从而勾勒出热点案件雏形，还能够以关键特征为检索，第一时间发现舆情线索，缓解司法审判只能被动回应的局面。

（2）便捷司法审判与媒体互动。一方面，互联网政务平台蓬勃发展，法院在微博、微信等主流网络媒体端建立官方账号，不仅服务于日常普法宣判、便民服务，也为紧急事件官方第一时间的回应提供了平台。但建议官方平台应当以"院"为单位，避免零散平台的不作为和管理疏漏。另一方面，法院与网络媒体的互动也必不可少，百度、网易、今日头条等大众传媒性质的网络媒体内部应当配备专业的法律人士，对社会热点案件、专业法律题材进行内部审查，同时建立长期的合作机制，保证网络媒体本身的专业性与真实性，以及舆情的可引导性和可控制性。

（3）完备法院内部及政法系统联动。为保证舆情观测的及时性和处理的专业性，法院系统内部已经建立了专门的新闻宣传部门。在网络舆情初现端倪之际，新闻宣传部门必须在第一时间联系业务审判庭室，做好案件审判与新闻宣传的双管齐下。互联网作为一张大网，其不分时间、不分区域、不分层级、不分部门的信息指向一旦爆发，后果必然全面覆盖整个公权力体系。因此，无论是纵向的上下级法院抑或是横向的政法机关，都应当改变传统的各自为政的回应模式，坚持协同合作的理念，建立跨部门、跨层级、跨地区信息共享与交流机制，提升舆情反应能力。[1]

（二）事中：网络舆情处置机制

事前制度的构建弥补了司法审判回应民意的被动性和滞后性，而如何妥善处置网络舆情，获得民意的肯定还要取决于具体落实之策。

（1）确保回应及时有效。官方回应的及时性与有效性是鸟之两翼，不可或缺。当经过事先检测确定网络民意的形成规模时，法院必须对民意进行搜集整理，精准分析网络舆情的症结，随后反观案件本身，纠察网络舆论焦点的正当性。以官方平台发布的官方回应言论必须具有：正面性，表达积极态度，避免推诿扯皮；针对性，提炼有效信息，做到有的放矢；权威性，措辞诚恳得当，事实清晰全面。

（2）维护司法程序公开。"程序正义"作为看的见得正义是在裁量结果作出前对民意最好的回馈。在网络场域，程序可以

---

〔1〕 王惠敏："刑事司法回应网络舆情的应然路径"，载《犯罪研究》2019年第1期。

以网络为媒介实现最大限度的公开。在符合法律规定的前提下，法院可以组织通过线下组织人员旁听案件庭审、线上在庭审公开网全程直播，对于民意关注度极高的案件，亦可以以微博或者抖音等网络平台作为媒介，使得庭审过程得到最多民众的见证。善用民意的监督才能让正义以公众看得见的方式实现。

（3）回归裁判实体公平。法治思维是应对舆情的根本之策，公平公正的裁判则是回应民意的最佳答卷。"天理国法人情"的统一是中华法系的优良传统，而在一个法治社会里，严格执行法律就是最大限度地服从和满足民意。[1]法院在作出裁判时，必须客观、辩证、全面地分析和把握什么是合法、合理、真实、可行的民意，更需要注意那些"沉默的"大多数人民群众代表的真实民意，让公正的裁判彰显公众的诉求。

（三）事后：网络舆情拓展机制

裁判结果的作出不是司法审判回应民意的终结，法院应以舆情的平息为契机，形成舆情回应机制螺旋式上升的闭环。

（1）继续多方追责。不可否认，民意的关注和舆论形成既有可能是案件本身的特殊情况引发民愤或民怜，亦有可能是个别媒体、网络"大V"的误导、煽动或者是诉讼参与人通过舆情对法院施压。对于妄图以所谓"民意"影响司法之人必须区分不同情形，依法依规予以惩戒方能维护司法权威。

（2）避免次生危机。对于杜撰案件事实引发关注之言论，法院官方平台可在生效判决作出后对二者进行对比列明，以官方辟谣形式纠正公众认识误差。对于裁判文书中专业化法律术语或公众关注的焦点问题，通过法官答疑、平台回复等形式以简单、质朴的语言解释将法言法语生活化。对于制度规定背后

---

〔1〕　参见河南省高级人民法院党组书记、院长胡道才："如何让人民群众在每一个司法案件中感受到公平正义"，载《人民法院报》2018 年 12 月 12 日。

价值的探讨，通过专业权威人士分析性文章、民意搜集反馈形式持续性关注。

（3）形成监测闭环。每一件热点案件舆情风波的顺利度过都是不可多得的财富。法院应当认真反思其民意形成原因、分析舆情传播路径、总结此次司法审判回应上的经验和不足，并形成热点案件舆情应对规律，最终不断完善此规律，形成螺旋式上升闭环，为今后网络舆情的预警和处置提供有益借鉴。

第十章 网络司法公开与个人信息保护的 冲突与衡平

与传统司法公开相比，互联网司法公开具有很多特点，诸如公开速度更快捷、公开方式更广泛，以及更易于为公众存储和传播等。而基于上述特点，互联网司法公开所带来的个人信息保障问题显得尤为突出。例如，裁判文书公开领域，在传统司法公开制度下，裁判文书公开通常采取张贴在法院公告栏等方式，受众范围极其有限。但随着裁判文书网上公开的推行，任何人都可以登录裁判文书网，查询到已经上传到该网站的裁判文书，使得裁判文书公开与个人信息保护的问题更加突出。更为重要的是，随着《个人信息保护法》的出台，我国对信息处理者如何处理个人信息有了非常完善的规定，且明确了处理个人信息应当遵循合法、正当、必要和诚信原则，这就对网络司法公开提出了全新的挑战。从某种意义上而言，个人信息的私密性特点天生就与网上司法公开存在紧张关系。换言之，网络司法公开所要实现的司法透明、司法公开和司法监督价值与个人信息的私密性等特质天生存在冲突关系，而如何协调两者关系就十分具有研究的必要了。

第一节　个人信息保护的基本理论

一、个人信息概念界定

《民法典》第 1034 条第 2 款规定："个人信息是以电子或者其他方式记录的能够单独或者与其他信息结合识别特定自然人的各种信息，……"

2021 年出台并生效的《个人信息保护法》对个人信息作了界定。该法指出，个人信息是以电子或者其他方式记录的与已识别或者可识别的自然人有关的各种信息。尽管从概念来看两者有细微区别，但两者并不存在本质差异，与已识别或可识别自然人有关的各种信息，究其实质，就是能单独或与其他信息结合识别自然人的各种信息，二者在概念范围上并无二致。笔者认为，个人信息范围一般包括自然人的姓名、出生日期、身份证件号码、生物识别信息、住址、电话号码、电子邮箱、健康信息、行踪信息等。

根据个人信息保护法的规定，个人信息可以分为个人敏感信息和个人一般信息。根据《个人信息保护法》第 28 条第 1 款的规定："敏感个人信息是一旦泄露或者非法使用，容易导致自然人的人格尊严受到侵害或者人身、财产安全受到危害的个人信息，包括生物识别、宗教信仰、特定身份、医疗健康、金融账户、行踪轨迹等信息，以及不满十四周岁未成年人的个人信息。"可见，现有规定是从泄露或非法使用后的影响以及年龄等角度判定某一信息是否属于个人敏感信息的。敏感个人信息的处理规则不同于一般个人信息。即只有在具有特定的目的和充分的必要性，并采取严格保护措施的情形下，个人信息处理者方可处理敏感个人信息。

二、个人信息和隐私权的关系

隐私权作为保障私人生活不受他人打扰的基本权利，具有重要的价值。从个人角度而言，正是基于隐私权，人们才有权独立自主地作出属于自己的决定，并经由这种独立决定增强个人幸福感和安全感。从社会角度而言，隐私权的个人特点构成了社会的多样性。人们在隐私权的庇护之下，可以不受他人影响，决定自己的行为举止，独立发展个性，且不受他人影响和干扰，从而实现了社会的多元性，确保了社会和个人的健康发展。

至于隐私权和个人信息的关系，笔者将从以下几个角度加以说明。从本质上看，隐私权强调的是个人对其私密信息及其生活安宁权的控制，侧重于交往中的关系和边界，是一种双向行为；而个人信息保护强调的是个人信息收集、使用和传播的正当性问题，是一种单向的信息处理行为；对个人信息的侵害不限于隐私，也可能侵害个人的权利和自由。[1]从内容上看，两者总体上是交叉关系，个人信息中包含了作为隐私权内容的隐私信息；隐私权中的部分内容也并非个人信息所能涵盖。从义务主体来看，隐私权的义务主体是权利主体之外的所有人，法律设置隐私保护规则的主要目的即在于防止权利人之外的其他主体采用刺探、泄密等方式损害他人的私密信息。[2]而个人信息的义务主体是个人信息处理者。

我国《民法典》将个人信息与隐私权保护规范分立。而随

---

[1] 王苑："数据权力视野下个人信息保护的趋向——以个人信息保护与隐私权的分立为中心"，载《北京航空航天大学学报（社会科学版）》2022年第1期。

[2] 王利明："敏感个人信息保护的基本问题——以《民法典》和《个人信息保护法》的解释为背景"，载《当代法学》2022年第1期。

着《个人信息保护法》的出台，个人信息保护和隐私权保护进行区分的这一立场进一步得到明确。

三、个人信息保护的法律适用

如前所述，《民法典》明确规定了个人信息权益，并在第1035条明确规定了个人信息的处理包括个人信息的收集、存储、使用、加工、传输、提供、公开等。同时规定了个人信息处理应当遵循合法、正当、必要原则，不得过度处理。可见，《民法典》对个人信息权益的保护也是从信息处理的角度加以规定。同时，基于《民法典》的私法属性，其规定个人信息权益的基本功能在于明确了个人信息权益作为一种民事私权，如果受到侵权应根据《民法典》进行救济和保护；而《个人信息保护法》作为一部保护个人信息权益，规范个人信息处理活动，促进个人信息合理利用的专门法，在立法定位上，其并非《民法典》的特别法，而是一部对个人信息保护进行全面规范的兼具公法与私法属性的综合性法律。

对于两者的关系，即如果非要寻求《民法典》个人信息保护条款和《个人信息保护法》的关系，应该是特别条款和一般条款的关系。换言之，《民法典》有关个人信息权益保护的相关规定是一般条款，个人信息保护法则是特别规定。这也意味着在《民法典》相关内容与个人信息保护法不一致时，应当按照特别规则，即《个人信息保护法》规定进行。由于本部分的研究内容是裁判文书网上公开中个人信息保护的问题，法院实质上就是个人信息的处理主体，因此裁判文书网上公开制度中个人信息的处理规则和程序应遵守《民法典》有关个人信息权益保护的规定，同时主要是在《个人信息保护法》的框架内进行。

四、网络司法公开中可能涉及的个人信息

结合《民法典》与《个人信息保护法》规定的内容，从司法审判实践看，网络司法公开可能涉及的个人信息主要包括以下范围：

表 10-1　互联网司法公开中可能出现的个人信息

个人基本信息	姓名、生日、性别、民族、住址、家庭关系、个人电话号码等
个人身份信息	身份证号
网络身份标识信息	个人信息主体账号、IP 地址等
个人健康胜利信息	个人因生病医治等产生的相关记录，如病症、用药记录、生育信息、病史等
个人教育工作信息	职业、职位、工作单位等
个人财产信息	银行账号、存款信息、房产信息、征信信息、交易和消费记录等
个人通信信息	通话记录、短信、电子邮件等
个人位置信息	住宿信息、行踪轨迹等
其他信息	婚史、宗教信仰等

（一）网络司法公开中敏感信息的识别原则

根据《个人信息保护法》的规定，处理敏感个人信息应当取得个人的单独同意；法律、行政法规规定处理敏感个人信息应当取得书面同意的，从其规定。考虑到网络司法公开的特殊性，敏感信息应首先确定为不宜进行公开。在特殊情况下，需要进行公开的，也应该取得个人的单独同意。因此，有必要进一步明确哪些信息为敏感个人信息。

根据《个人信息保护法》的规定，敏感个人信息是指一旦

泄露或者非法使用，容易导致自然人的人格尊严受到侵害或者人身、财产安全受到危害的个人信息，包括生物识别、宗教信仰、特定身份、医疗健康、金融账户、行踪轨迹等信息，以及不满 14 周岁未成年人的个人信息。根据网络司法公开中可能涉及的个人信息，可以认为，敏感信息主要从以下两个角度综合进行判断：

第一，能否指向可识别的个人。由于这些信息能够直接指向可识别的个人，一旦被公开，可能对其权益和自由带来影响。

第二，个人信息敏感程度。在网络司法公开中，还有可能会遇到不会直接识别到个人，但是这些信息泄露后，可能会使当事人的个人名誉、身心健康受到损害的信息。例如，在部分人身保险合同纠纷案件的审理过程中，当事人的病史或者患病信息如果公开，其对当事人的影响也是不容忽视的。

（二）敏感个人信息的具体内容

根据《个人信息保护法》有关敏感信息的界定，结合最高人民法院《关于人民法院在互联网公开裁判文书的规定》关于裁判文书公开时的隐名及删除信息的相关规定，笔者对司法公开中的敏感信息的具体分析如下：

（1）个人基本信息。个人基本信息中的住址、电话号码等通信方式不宜公开，法院要求当事人提供这些信息的目的是有效联系及方便送达，如果将这些信息公开出去，可能会使当事人的生活面临困扰。

（2）个人身份信息。个人身份信息中的身份证号可直接识别个人，且有可能被以违背个人信息主体意愿的方式直接使用或与其他信息进行关联分析，可能对个人信息主体权益带来重大风险，应判定为个人敏感信息。

（3）个人财产信息。当事人的银行账号、车牌号码、动产或不动产权属证书编号等财产信息在某种程度上与个人财产、人身安全有关系，属于敏感信息。

（4）个人健康信息。个人因生病医治等产生的相关记录，如病症、用药记录、生育信息、病史等，个人健康信息可能会涉及个人隐私，且可能被超出授权合理界限使用，极可能给个人信息主体权益带来重大风险，因此也属于敏感信息。

（5）位置信息。个人位置信息中的住宿信息及行踪轨迹信息涉及当事人人身安全，为保护当事人的人身安全，也属于敏感信息。

（6）宗教信仰等信息。根据《信息安全技术公共及商用服务信息系统个人信息保护指南》，这些信息属于一旦遭到泄露或修改，会给标识的个人信息主体造成不良影响的个人信息，因此也属于敏感信息。

除了上述敏感个人信息外，还有其他信息，主要是指姓名、职业、职位和工作单位、婚史等，该类信息原则上不属于敏感信息。对于这些信息应如何在网络司法信息公开中予以处理，需要具体情况具体分析，并依据《个人信息保护法》的规定进行处理。

五、网络司法公开中个人信息处理的法律依据

在《个人信息保护法》出台之前，最高人民法院对网络司法公开中个人信息保护的问题也有规定，并在司法实践中进行了贯彻落实，其中存在的问题已在前文有所阐述。但需要指出的是，《个人信息保护法》对信息处理者如何处理个人信息作出了明确的规定。其中第33条更明确指出："国家机关处理个人信息的活动，适用本法；本节有特别规定的，适用本节规定。"第34条规定："国家机关为履行法定职责处理个人信息，应当

依照法律、行政法规规定的权限、程序进行，不得超出履行法定职责所必需的范围和限度。"这一规定意味着法院对个人信息的处理应当依据法律、法规规定的权限进行。而此前法院网络司法公开的制度基础是最高人民法院的相关改革规定，因此对于如何解决网络司法公开制度合法性问题，我国需要慎重对待。

第二节　《个人信息保护法》背景下的网络司法公开

网络司法公开在实现司法透明、增强司法公信力方面取得了较大成就，但一直面临的问题是网络司法公开所带来的个人信息泄露问题。而随着个人信息保护法的公布，要求个人信息处理应遵循法定方式和程序，从而也给网络司法公开带来了全新的问题。网络司法公开能否延续之前的全面铺开样态，之前的网络司法公开是否存在违反《个人信息保护法》的嫌疑，都需要重新加以思考。

一、网络司法公开的法律依据

《个人信息保护法》第 13 条的规定："符合下列情形之一的，个人信息处理者方可处理个人信息：（一）取得个人的同意；（二）为订立、履行个人作为一方当事人的合同所必需，或者按照依法制定的劳动规章制度和依法签订的集体合同实施人力资源管理所必需；（三）为履行法定职责或者法定义务所必需；（四）为应对突发公共卫生事件，或者紧急情况下为保护自然人的生命健康和财产安全所必需；（五）为公共利益实施新闻报道、舆论监督等行为，在合理的范围内处理个人信息；（六）依照本法规定在合理的范围内处理个人自行公开或者其他已经合法公开的个人信息；（七）法律、行政法规规定的其他情形。"

分析上述规定，根据第（二）项，如果个人信息处理为履行法定职责或法定义务所必需，则个人信息处理者可处理个人信息。对于其中法定职责中的"法"有多大范围，在个人信息保护法出台时学界就有了很多探讨。有学者认为其仅仅指法律；也有学者认为指的是法律和行政法规；还有学者认为应在更广泛的意义上界定法定职责，即其中的"法"既包括全国人民代表大会及其常务委员会颁布的法律，也包括行政法规、地方性法规、部门规章和地方政府规章等规范性文件。[1]但无论在何总层面理解法定职责，由于网络司法公开是基于最高人民法院有关网络司法改革相关规定进行的，因此并不能理解为其是在履行法定职责。换言之，进行网络司法公开并非法院的法定职责或法定义务。因此，第（二）项并不能作为法院在进行网络司法公开时处理个人信息的依据。至于第（四）项、第（六）项涉及的是紧急情况需要，以及处理个人自行公开等情形下的个人信息处理，其显然也与网络司法公开中的个人信息处理不相关。第（七）项强调的是法律、行政法规规定的其他情形，如前所述，由于网络司法公开的基础是最高院司法解释，显然也并不属于法律、行政法律规定的其他情形。如此，能够作为网络司法公开中个人信息处理基础的就剩下第（一）项和第（五）项。就第（一）项而言，要求对个人信息的处理要取得个人同意，从应然意义上讲，这是使网络司法公开中个人信息处理合法化最方便途径。但是，正如之前讨论的那样，无论是网络庭审公开、裁判文书网上公开还是执行信息公开（甚至是网络听证公开）要想取得当事人同意都是非常困难的。因为无论从诉讼观念角度，还是从个人隐私保护的角度来讲，绝大多

---

〔1〕 程啸：《个人信息保护法理解与适用》，中国法制出版社2021年版，第132页。

数当事人都不太愿意将有关个人的诉讼信息公布于互联网。因此，能够作为网络司法公开中个人信息处理依据的就只有第（五）项了，即为公共利益实施新闻报道、舆论监督等行为，在合理的范围内处理个人信息。而如果以第（五）项作为网络司法公开的法律依据，需要解决的命题有两个：一是网络司法公开是否属于为了实现公共利益；二是如何界定合理范围。

二、网络司法公开中的公共利益探究

长期以来，公共利益一直都是一个值得争议和讨论的话题，从行政法的角度看，与整个社会（即为每个成员）密切相关的公共必需品皆可被认为是公共利益。公共利益作为一定社会条件下或特定范围内不特定多数主体的利益，不同于国家利益和集团（体）利益，也不同于社会利益和共同利益，具有主体数量的不确定性、实体上的共享性等特征。公共利益关乎人的福祉，其本质特征在于公共性和非排他性。可以说，公共利益超越了单个个体的利益，不是任何私人的、共同体的、利益团体的利益。[1]

那么，网络司法公开中的公共利益是如何体现的呢？众所周知，司法活动的主要内容是国家司法机关通过法院居中审判，以解决纠纷。司法活动的这一特点决定了其必须向社会公众公开，并通过社会公众的监督，使得司法机关依法独立、公正行使审判权。然而，要想实现监督，就必须首先保障公民知情权，即先有知情权，然后才有监督的可能。基于此，一般认为，司法公开的目的在于公开透明，保障公民知情权，增加民众的参与与监督，以提升公民对司法机关的信任，提高司法机关公信

[1] 高志宏："公共利益：基于概念厘定的立法导向与制度优化"，载《江西社会科学》2021年第10期。

力。正如最高人民法院周强院长在谈及网络司法公开时曾指出的："人民群众期望的公平正义，不仅应当是实在的、及时的，还应当是可以看得见、感受得到的，这就要求司法工作必须最大限度地向社会公开。"

既然网络司法公开的主要价值在于保障民众知情权，实现司法透明，进而实现司法权威和司法公信力，其所蕴含的公共利益保障功能也就十分明显了。所谓司法公信力是司法机关依法行使司法权的客观表现，是裁判过程和裁判结果得到民众充分信赖、尊重与认同的高度反映。司法公信力一方面体现为民众对司法的充分信任与尊重，包括对司法主体的充分信任与尊敬、对司法过程的充分信赖与认同、对司法裁判的自觉服从与执行；另一方面则体现为法律在整个社会的权威与尊严已经树立。不难看出，司法公信力事关社会大众福祉，司法公信力的增强可以提高社会公众的司法公正获得感，惠及社会中的不特定多数人。因此，进行网络司法公开属于为了实现公共利益而进行的行为。事实上，从行使诉讼的目的来看，司法效率、司法公正都关乎公共利益。例如，为了实现司法效率目的，我国确定了一审终审小额程序，以及世界范围内广泛发展的速裁程序，其中都蕴含着基于公共利益而限制诉讼权利的考量。

需要指出的是，网络司法公开其实是通过把司法信息公之于众，通过保障民众知情权，实现司法透明，进而实现了司法公信力的提高。在此意义上，保障知情权本身就是提高司法公信力的一个部分。为此，网络司法公开中对个人信息的披露符合《个人信息保护法》第13条第（五）项所规定的为公共利益而处理个人信息。

三、网络司法公开与个人信息保护的平衡原则

网络司法公开的制度目的在于实现公共利益，而网络司法公开又意味着个人信息的公开。因此，网络司法公开的背后存在着公共利益与私人利益的冲突。一方面，网络司法公开通过公开上网等方式使得司法信息被社会公众悉知，以满足公众的司法知情权和监督权；另一方面，网络司法公开对象的特定性意味着其会涉及特定当事人的私人利益，因而要防止因网络司法公开超过必要限度而给案件当事人的个人信息权益带来损害。当两种利益发生冲突时，若倾向社会公共利益，那么个人信息权益就会受到损害；若侧重保护当事人的个人信息权益，那么个人信息的自决性决定了网络司法公开的程度和范围都应受到限制。可见，网络司法公开是否应受到个人信息保护的限制，如何协调这两种不同利益的关系，何者更为优先，是不得不面临的价值判断难题。

（一）公共利益和个人利益的关系分析

就公共利益与个人利益的关系而言，正如有的学者所说，如果处理不好公共利益与个人利益之间的关系，则既有可能把公共利益作为侵犯个人利益的"挡箭牌"，也有可能导致公共利益成为个人利益无限膨胀的"牺牲品"。可见，两者应该是对立统一的关系。与个人利益相比，公共利益具有优势地位，但对公共利益的优位理解不能绝对化、片面化，要结合公共利益的具体情况做具体分析，而不是所有的公共利益在任何情况下都可以限制个人利益。[1]因此，从宏观层面来看，在公共利益和个人利益关系问题上，笔者主张两者间的平衡关系，不能简单

----

〔1〕 高志宏："公共利益：基于概念厘定的立法导向与制度优化"，载《江西社会科学》2021年第10期。

认为公共利益优于个人利益。

具体到网络司法公开中的个人信息保护，相较于强有力的公权，作为私权的"个人信息"往往处于弱势地位。因此，为了能更好地衡平公共利益与私人利益，在两者发生冲突时，笔者主张将个人信息权益保护放在优先保护的地位，不可过分强调网络司法公开所体现的公共利益，并最终以公共利益作为理由将个人信息权益弃之不顾。这是因为，公民知情权的最终导向是实现对司法的监督，而并非实现对他人个人信息的刺探和获取。对于司法监督而言，除了公民监督之外，尚有法院程序体系内的监督、检查监督、人大监督、媒体监督等各种监督方式。但对于个人权益保护而言，个人信息往往事关个人重大利益，一旦被侵犯，对个人而言即意味着平静生活的丧失，甚至是人身安全等重大问题。正如在裁判文书网上公开中有学者说，若公开文书需要牺牲个人的名誉和隐私，甚至会对个人的生命健康、财产安全造成威胁，那么公共利益必须作出退让。[1]因此，笔者认为，在两者发生冲突时，原则上应将个人信息权益保护放在优先地位。

（二）网络司法公开与个人信息保护的平衡

根据《个人信息保护法》，处理个人信息应当遵循合法、正当、必要和诚信原则；处理个人信息应当具有明确、合理的目的，并应当与处理目的直接相关，采取对个人权益影响最小的方式。同时，该规定第（五）项明确规定，为实现公共利益而实施的行为，也应在合理范围内处分个人信息。根据上述规定，有学者将上述个人信息处理原则概括为"目的原则""必要性原则"以及"最小范围原则"，并指出"其实际是比例原则在个

---

〔1〕　李广宇：《政府信息公开诉讼：理念、方法与案例》，法律出版社 2009 年版，第 59 页。

人信息保护方面的扩大化运用"。〔1〕所谓比例原则是为了保障国家权力的行使保持在适度、必要的限度之内，避免对个人利益造成过度侵害。笔者认为，由于《个人信息保护法》明确规定了处理个人信息的原则，即合法、正当和必要原则，所以笔者认为，将合法、正当和必要性原则作为个人信息保护的基本原则更符合《个人信息保护法》的规定。同时，比例原则的要义在于限制公权力的行使，这一原则在公法中的重要性自不待言，无论立法、行政抑或司法机关，皆需妥善、审慎地行使国家公权力。〔2〕因此，比例原则充分考虑了国家权利和个人利益的协调和平衡，也可以将其与必要原则相结合，作为法院在网络司法公开过程中处理个人信息的基本原则。

第一，合法原则方面。合法原则属于形式合法性，主要是指个人信息处理应符合法律的明确规定。包括公开主体应合法、符合相关法律规定的告知同意程序、符合存储期限要求等。

第二，正当原则方面。正当原则实质强调的是目的合理、正当，即处理个人信息的目的应合理。如前所述，网络司法公开过程中对个人信息的处理属于《个人信息保护法》第13条第（五）项所规定的为了公共利益而处理个人信息。因此，网络司法公开中的个人信息处理具有正当性。

第三，必要原则方面。必要原则是确定个人信息处理边界的实质原则。有学者认为，必要原则包含两个方面：一是数据应以最小化利用为原则；二是处理方式应是影响最低的。〔3〕所

---

〔1〕 龙卫球主编：《中华人民共和国个人信息保护法释义》，中国法制出版社2021年版，第163页。

〔2〕 王怡坤："国家机关个人信息处理行为正当性标准研究"，载《中国法律评论》2021年第6期。

〔3〕 谢琳："大数据时代个人信息使用的合法利益豁免"，载《政法论坛》2019年第1期。

谓最小化利用强调的是公开或披露的个人信息为实现公共利益所必需，以及处理个人信息时应坚持损害最小化原则。不难看出，必要原则可以被理解为行政法上的比例原则的具体运用。比例原则作为行政法学理论中备受关注的原则，同时也是法治国家重要的基本原则。比例原则要求所选择的手段应当与所追求的目的保持合理或均衡的比例关系。[1]当然，比例原则和必要原则的适用并无明确的标准，它需要法官在处理个案时，结合案具体情况进行价值判断与利益衡量。

笔者认为，在适用比例原则和必要原则时，由于网络司法公开的个人信息可能与案情等通过复杂的方式交织在一起，此时首先应对裁判文书中涉及当事人个人信息权益的内容进行准确分割、处理。这其实也是我国政府信息公开中经常涉及的问题。国务院发布的《政府信息公开条例》第37条规定："申请公开的信息中含有不应当公开或者不属于政府信息的内容，但是能够作区分处理的，行政机关应当向申请人提供可以公开的政府信息。……"将个人信息分割出来后，依据比例原则和必要原则对其进行分析，决定是否将相关个人信息公开或删除。对于确实无法分割的情形，则应根据具体情形，以上述为基准进行判断。

第三节　裁判文书网上公开中的个人信息保护

与传统司法公开相比，互联网司法公开具有很多特点，诸如公开速度更快捷、公开方式更广泛，以及更易于为公众存储和传播等。而基于上述特点，互联网司法公开所带来的个人信息保护问题显得尤为突出，在裁判文书公开领域尤其如此。在

---

〔1〕　张莉：《论隐私权的法律保护》，中国法制出版 2007 年版，第 146 页。

传统司法公开制度下，裁判文书通常被张贴在法院公告栏，其受众范围极其有限。但随着裁判文书网上公开的推行，任何人都可以登录裁判文书网，查询到已经上传到该网站的裁判文书，使得个人信息受到侵犯的问题尤为突出。可以说，个人信息天生具有的私密、不受他人干扰等特质与裁判文书网上公开存在紧张关系。目前，最高人民法院已对裁判文书网上公开的范围和个人信息保护问题作出了规定，但由于规定较为粗疏，加之《个人信息保护法》的出台，给网络裁判文书公开带来了新的问题。

一、裁判文书网上公开的制度目的争议

在我国，学界围绕裁判文书网上公开的目的一直存在争议。有学者认为，裁判文书网上公开制度是为了制约审判权，通过赋予公众司法知情权、监督权，实现司法的公开与透明，提高司法公信力。[1]还有学者认为，裁判文书网上公开更重要的目的是服务于全国范围内法律统一适用的目标，建立案件指导制度，解决司法实践中"同案不同判"现象，应当只筛选出具有普遍指导意义的案件上传网络，裁判文书全部公开上网反而会浪费有限的司法资源。

通过回顾最高人民法院关于裁判文书网上公开的相关规定，我们可以清楚地看出，我国裁判文书网上公开制度的功能在于对公民知情权和监督权的保障。2010 年最高人民法院出台的《互联网公布裁判文书规定》强调了该制度的目的是贯彻落实审判公开原则。但同时提出最高人民法院和各高级人民法院具有法律适用指导意义的生效裁判文书"应当"在互联网公布，其他法院"可以"在互联网上公布生效裁判文书。可以看出，当

---

[1] 罗书平："裁判文书：就应当让地球人都知道"，载《人民司法》2006 年第 8 期。

时裁判文书网络公开的制度目的并不明晰，即究竟是为了落实审判公开，还是为了实现指导案例网络公开并不十分明确。2013 年，最高人民法院进一步在《互联网公布裁判文书规定》中明确了审判公开原则，不再区分"可以"公布与"应当"公布。到 2016 年，《互联网公布裁判文书规定》中最终确立"依法、全面、及时、规范"公开原则。由此也可见，最高法院此时是将裁判文书网上公开制度视为司法公开的助推器，[1]并希望借由裁判文书公开实现司法透明和司法监督。

综上所述，在互联网时代，我国司法公开的目的并未发生改变。即建立裁判文书网上公开制度的目的是使裁判文书能够在更大限度内公开，实现各界对于法院司法权的监督，满足公众的司法知情权。正如有学者指出的那样，在互联网环境下，审判权行使的本质没有变化，则裁判文书的公开就不应受到影响，网上公开方式的价值取向自然也不能曲解。[2]根据前文所述，裁判文书网上公开的制度目的是更好地实现公共利益，在此情况下，其所涉及的个人信息公开问题应依照《个人信息保护法》的相关规定加以解决。

二、裁判文书网上公开中个人信息保护的实践分析

裁判文书网上公开制度的出现使得司法信息迅速传播，但同时也带来了当事人信息公开化、个人纠纷社会化、隐私信息商业化等风险，当事人的生理信息、心理信息和社会关系信息都可能被裁判文书记载并公开，其个人信息权益面临被侵害的

---

〔1〕 薛晓蔚、薛雨苇："关于裁判文书网上公开问题的思考"，载《中国人民公安大学学报（社会科学版）》2013 年第 6 期。

〔2〕 李友根："裁判文书公开与当事人隐私权保护"，载《法学》2010 年第 5 期。

风险。

事实上，早在裁判文书网上公开制度建立之初，学者们就曾激烈探讨其"副作用"——对当事人个人信息私密性的冲击。可以说，裁判文书网上公开所要保护的核心价值——公民知情权——天生就与个人信息权益存在冲突，甚至可以说是一种此消彼长的关系。早在 2003 年美国就出现过犯罪人在美国裁判文书网集合当事人的个人信息，违法利用被害者的姓名和个人信息开立银行账户的问题。此外，在我国，也出现了一些公司通过获取、收集裁判文书网内公开文书的个人信息，并大肆兜售、转卖，谋取非法利益的现象。而这些都说明裁判文书网上公开蕴含了巨大的个人信息泄露风险。具体到当下的裁判文书网上公开的司法实践，尽管最高人民法院对此已有相关规定，并针对实践中出现的问题多次就相关规定进行修订，但依然存在着很多因个人信息泄露而出现的争议和纠纷。

2016 年《互联网公布裁判文书规定》第 8 条对应当隐名的文书范围作出了限制，第 9 条规定了隐名工作的具体操作方法。这两个条款为承办案件的法官提供了有力指导，似乎并未赋予其行使自由裁量权的余地。[1]《互联网公布裁判文书规定》第 10 条规定了公布文书时应当删除的信息，其中当事人的职业、职位、个人婚史、宗教信仰等内容未被明确列入删除范围。考虑到无法通过列举式的规定穷尽所有应当删除的个人信息，该规定将"人民法院认为不宜公开的其他信息"作为兜底性规定，以赋予承办法官一定的自由裁量权。然而，因为缺乏统一的判断标准，各地法院针对个人信息的界定尺度不一，处理的结果也大相径庭。但在实践中，裁判文书涉及的个人信息情况十分

---

〔1〕 王阁："裁判文书网上公开背景下的当事人信息保护制度——基于对 H 省三级法院的实证调研"，载《社会科学家》2017 年第 6 期。

复杂，并非简单将裁判文书首部的个人信息抹掉即可。与此同时，个人私密信息又十分敏感，很多"好事之人"可能经由蛛丝马迹即可回溯到相关当事人。正是裁判文书网络公开的复杂性导致了在公开过程中出现了很多"问题文书"。这些文书不仅泄露个人隐私，还可能影响个人信用、公司声誉，给申请贷款、就业等个人生活造成困扰。笔者以近年上网的裁判文书为例，发现问题主要有以下几点。

（一）不应当在互联网公布的文书却进行了公布

《互联网公布裁判文书规定》第4条明确了离婚诉讼的裁判文书不应当在网上公布，但直至2020年，依然有很多离婚裁判文书在网上公布，且这些文书甚至未加隐名即直接上传网络。譬如案号为〔2020〕湘0702民初143号的"原告贺某与被告曾某离婚纠纷案"一审民事判决书中，文书标题与正文中均使用当事人真实姓名，未经过隐名处理。

（二）文书隐名不彻底

主要表现为文书正文间断性隐名，以及虽在正文中进行了信息处理，但是案件名称却公开了当事人真实姓名。这类文书同样致使公众能够通过输入当事人姓名检索到该案件，对当事人隐私权造成了侵害。如案号为〔2020〕甘0525民初33号文书判决书正文中以"余某甲"指代当事人，标题处却清晰地写着当事人的真实姓名。

（三）隐名工作未严格遵照法定标准

2016年《互联网公布裁判文书规定》第9条第1款第1项明确了隐匿当事人姓名的一般方法：保留姓氏，名字以"某"替代。在裁判文书网中，不合要求的文书经常出现。如陕西省镇巴县人民法院制定的〔2019〕陕0728民初864号文书中，原被告以"张某科""李某芬"代表，而非法律规定的"张某"

"李某"。此外，第 9 条第 2 款规定，对不同姓名隐名处理后发生重复的，通过在姓名后增加阿拉伯数字进行区分，诸多法官未按照要求处理。在案号为［2018］沪民再 29 号的继承纠纷案件中，同姓当事人以洪甲、洪乙、洪丙、洪丁形式区分。上述行为使得裁判文书网的文书格式不统一，会对文书整体质量和司法机关的严谨形象造成不良影响。另外，第 9 条第 1 款第 3 项对如何处理外国人、无国籍人的姓名已作出了简单明了的规定，但实践中却并未处理妥当。

（四）其他诉讼参与人个人信息公开不规范

实践中，对于当事人之外的其他人员信息的公开问题适用也极不一致。例如，裁判文书网上公开可能会导致诉讼代理人隐私泄露。在诉讼代理人为律师的情形下，由于裁判文书中只表明其姓名和所在律师事务所，一般不存在个人信息泄露的问题。但是，在近亲属或者单位工作人员作为代理人的情况下，便会存在住所等个人信息泄露的问题。例如，某法院在网上公开的裁判文书中，将作为单位工作人员出庭的代理人的具体住所（具体到小区、楼栋和门牌）完整公布。这就会给非律师代理人带来很大困扰，甚至引发安全问题。

（五）裁判文书上网缺乏与当事人的事前沟通程序

目前《互联网公布裁判文书规定》第 5 条确立了裁判文书网上公开前的告知程序，但实际上决定文书信息是否公开的主体仍然是承办法官。这样做主要是基于我国传统的厌诉思想，无论是胜诉方或败诉方，面对公开可能带来的消极影响，都不一定愿意公开诉讼的过程。若将取得当事人的同意作为裁判文书网上公开的前提，会导致公开无法顺利进行。因此，缺乏事前沟通而将裁判文书上网公布很容易造成公开后的纠纷和争议。

（六）缺乏文书公开事后救济机制

法院将裁判文书公开上网后，文书将在很短的时间内迅速传播，如果文书信息未恰当处理，很可能面临隐私商业化利用等风险，甚至连当事人的人身、财产权利也有可能受到损害。那么，在当事人认为公开的文书侵害到自己个人信息权时，应当如何维权呢？实践中，曾有当事人在浏览营利性法律咨询网站时发现了和自己相关的民事裁定书。其认为该文书涉及自己和本案其他当事人的个人隐私，侵犯了自己的名誉权和隐私权，选择向法院提起诉讼。实际上，在司法实践中这类现象很常见，但个人信息一旦被侵犯或者披露，便难以再恢复，救济权是当事人保障其权利的重要一环。

三、《个人信息保护法》视角下的制度反思

由上述可见，尽管 2016 年《互联网公布裁判文书规定》对裁判文书网上公开制度中涉及当事人个人信息保护的部分作了明确规定，也明确了当事人的姓名及个人信息的判断取舍及处理办法。然而，在以"最大限度公开为宗旨"的制度影响下，满足司法知情权与保护个人信息的天平渐渐失衡。裁判文书在网上公开过程中，呈现出个人信息过度披露的现象。而随着《个人信息保护法》的出台，个人信息处理的规则更加严苛，现有的裁判文书网上公开制度究竟应如何对此进行回应成了亟须解决的问题。以下笔者将对《互联网公布裁判文书规定》与《个人信息保护法》进行对比分析。

（一）有关敏感信息问题

根据《个人信息保护法》第 28 条的规定，敏感个人信息是一旦被泄露或者非法使用，容易导致自然人的人格尊严受到侵害或者人身、财产安全受到危害的个人信息，包括生物识别、宗教信仰、特定身份、医疗健康、金融账户、行踪轨迹等信息，以及不满 14 周岁未成年人的个人信息。可见，《个人信息保护

法》在规定了敏感信息的概念后，又通过列举加兜底的方式明确了敏感信息的范围。《互联网公布裁判文书规定》在第10条明确规定了应当删除的个人信息，尽管《互联网公布裁判文书规定》明确列举应予删除的信息多为敏感信息，但难免挂一漏万。例如，《互联网公布裁判文书规定》并未将宗教信仰、行程轨迹、特定身份、生物识别等个人信息明确为删除范围。另外，在未成年人个人信息方面，《个人信息保护法》将未成年人个人信息确定为敏感信息，但《互联网公布裁判文书规定》仅仅指出未成年人的姓名应进行隐名处理，其与《个人信息保护法》的差别非常之大。对于敏感信息的处理，《个人信息保护法》规定敏感信息需要取得信息主体单独同意才可公开，而由于当事人一般不会同意公开其敏感信息，这也意味着敏感信息一般都不能进行公开。

（二）有关当事人姓名信息处理问题

不能否认，根据2016年《互联网公布裁判文书规定》，我国对文书当事人姓名持"以公开为原则，以隐匿为例外"的态度，即在裁判文书公开工作中，当事人的姓名不属于应当隐匿的个人信息。当时我国没有选择全部隐名是基于以下考量：一是因为全部隐匿当事人姓名不便于法律学者以及社会公众阅读文书，削弱了司法公开的效果；二是这样做不符合司法公开的价值取向。在裁判文书网上记录失信、违法人员的姓名能够有效起到警示、惩罚作用，利于建设诚信法治环境。从比较法的角度来看，很多国家并未对姓名信息予以删除，其中一个重要的理由是这样做会增加民众检索案件、获取相应司法信息的难度。不能否认，没有了当事人姓名，检索裁判文书、检索庭审公开案件的难度都会增大。但笔者认为，结合《个人信息保护法》所明确的数据利用最小化、影响最低化原则，对个人姓名加以屏蔽是较为妥当的选择。

第一，网络司法公开不同于传统的司法公开，个人姓名信息的公开可能会给其权益和自由带来影响。以医裁判文书网上公开为例，在传统司法公开下，将裁判文书张贴于法院公告栏，或在法庭这一物理场所公开宣判都是审判公开的内在要求，无可厚非。但在网络司法公开中，由于互联网上公开的事项具有永久保存性，一旦裁判文书上网就可能被无数次下载、保存和传播。尽管案件不涉及个人敏感信息，但其对具体相关当事人的影响可能是长久而深远的，甚至可能影响个人信用、个人声誉，给申请贷款、就业等个人生活造成困扰。而且，在司法实践中，有的当事人因为与原单位有过劳动纠纷诉讼，涉案文书网上公开后最终成了其再就业的障碍。对此，也许有人会认为这是当事人提起诉讼所应当承受的代价。但是笔者认为，如果因为提起诉讼就必须要面临该案件具体信息永久保存于互联网并被无限制传播，其不利影响很难说是在合理范围内。

第二，屏蔽姓名等个人信息并不会影响保障知情权，提高司法公信力这一公共利益目的的实现。选取个人姓名信息网络司法公开的目的是保障知情权，提高司法公信力，其着眼点在于通过让公众对司法权的行使和运行进行监督，提高司法公信力。但在诉讼过程中个人姓名的公开与否显然并不会影响这一目的的实现。换言之，公民知情权的重点并非对当事人姓名个人信息的知情，而是对司法权运行过程和后果的知情。在此意义上，可以认为个人姓名信息的公开并非实现公共利益所必需的。既然如此，如果将其公开，也可认为是违反了《个人信息保护法》对必要原则的规定。

另外，随着信息社会的到来，我国加大了对个人信息的保护力度。就姓名而言，其属于识别性较强的个人信息。从姓名公开的角度看，其对当事人的影响更多地体现在个人参与诉讼等信息所带来的影响上。前文提及的因某人曾经有过劳动纠纷诉讼而影响之后求职的情况即属此例。另外，根据《民法典》第 1034 条的规定，姓名因具有明显识别性，也被明确列入了受到保护的个人信息。

需要指出的是，也许有人会认为这在某种程度上影响了公众知情权。毕竟公众关注某个案件，更多的是对自己所熟知的某个当事人所参与诉讼的关注。对此，笔者认为，知情权的重点是监督公权力，而非对个人私人事务的刺探。即使私人事务进入了司法视野，考虑到网络公开对当事人的各种影响，也不宜通过全网司法公开的方式进行处理。因此，对这种知情权的保护，可以考虑由具体个人进行申请，由法院向其公布删除敏感信息之外的包含姓名信息的相关司法文件或其他资料，才能真正符合《个人信息保护法》所规定的在合理范围内进行公开的要求。

总之，对于姓名这一非敏感个人信息，当事人出于可能对个人名誉和生活带来负面影响的顾虑，往往不愿公开姓名，因此以取得当事人同意作为姓名信息公开的正当化基础并不具备。但尽管如此，基于必要性原则，将当事人姓名隐去可能是符合《个人信息保护法》的稳妥做法。事实上，在韩国、俄罗斯等国家，基于个人信息保护，采取的都是将裁判文书当事人全部隐名，用字母或者其他符号代替的做法。[1]

（三）对于当事人之外的其他诉讼参与人个人信息保护问题

对于代理人、证人的个人信息，如果相关信息属于敏感信息，则不应当进行公开。在司法实践中，这些信息通常包括住

---

〔1〕 龙飞：“域外法院裁判文书上网制度比较研究”，载《人民司法》2014 年第 17 期。

址、宗教信仰、银行卡号等。对于姓名和工作单位信息（如证人的姓名）由于其公开与否并不会对司法公开的制度目的实现有所影响，所以应不公开证人姓名信息和工作单位。对于律师的姓名和工作单位，依据《个人信息保护法》，律师姓名及工作单位属于已经合法公开的个人信息，故其无需进行屏蔽。对于非律师代理人的姓名和工作单位，由于其在履行其与当事人之间的约定的代理义务，根据《个人信息保护法》第 13 条第（二）项的规定，为履行个人合同义务所必需的，可以依法公开。从《互联网公布裁判文书规定》来看，其内容与《个人信息保护法》的要求基本一致。

（四）有关个人信息保护的救济问题

《互联网公布裁判文书规定》第 16 条第 1 款规定："在互联网公布的裁判文书与裁判文书原本不一致或者技术处理不当的，应当及时撤回并在纠正后重新公布。"可见，裁判文书网上公开对个人信息保护权益带来损害的，法院应及时撤回并纠纷。但《互联网公布裁判文书规定》并未对受到损害的个人应如何维护其权益以及获得何种救济作出规定。该问题在《个人信息保护法》中得到了解决。《个人信息保护法》第 65 条第 1 款规定："任何组织、个人均有权对违法个人信息处理活动向履行个人信息保护职责的部门进行投诉、举报。收到投诉、举报的部门应当依法及时处理，并将处理结果告知投诉、举报人。"第 69 条规定："处理个人信息侵害个人信息权益造成损害，个人信息处理者不能证明自己没有过错的，应当承担损害赔偿等侵权责任。前款规定的损害赔偿责任按照个人因此受到的损失或者个人信息处理者因此获得的利益确定；个人因此受到的损失和个人信息处理者因此获得的利益难以确定的，根据实际情况确定赔偿数额。"可见，《个人信息保护法》首先规定了他人投诉、举报的救济渠道;其次将损害个人信息权益作为侵权行为加以规定,受害人可以主张承担侵权损害赔偿责任。这一规定是对个人信息权益受损害个人的有力保障。这也意味着,根据《个人信息保护法》,法院在进行网络司法公开时,如存在损害个人信息权益的行为,受害人可以提起诉讼,主张法院承担侵权损害赔偿责任。

总之,在信息社会,信息已经成为一种商品,个人偏好、通信记录、疾病记录、信用记录、违法记录等可以进行数字化处理并被存储到数据库中。上述信息在裁判文书网上公开需进行有效控制,否则必然会使当事人个人信息权益受到损害。

四、裁判文书网上公开中个人信息保护的具体措施

(一) 进一步明确不宜在互联网公布的案件类型

现有规定已经明确了不应予以网上公开的裁判文书的范围。其内容包括涉及国家秘密的;未成年人犯罪的;以调解方式结案或者确认人民调解协议效力的,但为保护国家利益、社会公共利益、他人合法权益确有必要公开的除外;离婚诉讼或者涉及未成年子女抚养、监护的;人民法院认为不宜在互联网公布的其他情形。对于最后一项,人民法院认为不宜在互联网公布的其他情形是作为兜底条款存在的。但该条在应用时,法官的自有裁量权过大,不少法官甚至直接忽略了该条款。对此,笔者主张,对于上文提及的个人隐私信息与案件事实过于密切的问题,通过分割原则难以有效切割的,应可以在不予公开的范围之内。

(二) 扩大裁判文书中应隐名的裁判文书范围

前文述及,目前《互联网公布裁判文书规定》认为当事人的姓名不是敏感信息,不应构成对裁判文书网上公开的限制。

但笔者认为，因为姓名具有强识别性特征，在实践中，结合当事人姓名、案件与审判法院，想要掌握当事人身份信息、隐私信息并非难事；且隐名不会影响裁判文书网上公开制度目的的实现，也不会对社会公众监督司法权的行使造成任何实质性影响。因此，对于当事人姓名、证人姓名和被害人姓名，都予以隐名是必要的。具体隐名方式，严格采用《互联网公布裁判文书规定》中现有的隐名办法即可。对于司法实践中未严格按照隐名办法进行隐名的，应加强重视，严格执行。

需要指出的是，扩大隐名文书范围并不意味着所有案件都应匿名处理，对于"法人或其他组织"和"社会影响恶劣的刑事被告人"，出于公共安全的需求和对当事人的惩戒、明示目的，仍然应当公开其姓名。在除此之外的一般案件中，当事人的姓名对案件本身的影响微乎其微，原则上无保留必要。[1]综上，在裁判文书公开中，笔者认为调整为"以隐匿当事人姓名为原则，以公开当事人姓名为例外"更为合理。

（三）精准化界定应删除的个人信息

《互联网公布裁判文书规定》第10条明确了应予删除的个人信息，其中第6项也有兜底条款的规定。为避免过度公开个人信息，笔者认为应明确兜底条款的处理标准。具体而言，法官在对个人信息进行取舍时，应秉承最大限度保护当事人隐私权的观念，将敏感个人信息全部删除。例如，个人位置信息中的住宿信息及行踪轨迹信息，为保护当事人的人身安全，显然不宜公开。此外，笔者认为，个人教育工作信息中的职业、职位和工作单位等，与姓名结合，可能识别和联系到个人身份，在裁判文书网上公开中也不宜公开。另外，还有个人的婚史等

---

〔1〕 韩朝炜、朱瑞："裁判文书上网与当事人隐私权保护的冲突与衡平"，载《法律适用》2012年第4期。

信息，如果与案件审理无关，依据必要性原则，也不宜公开。需要注意的是，与案件审判相关、可能影响司法权威的个人信息不宜删除。比如，在职务犯罪案件中，当事人的职务身份等信息就理应在文书中公开，否则可能会影响文书对案件事实的记录，使公众怀疑案件判决的公正性；在身体健康权纠纷、医疗侵权纠纷等案件中，健康状况信息与案件息息相关，不宜直接删除或隐去，涉及当事人隐私的，可以将该类案件理解为《互联网公布裁判文书规定》第4条第（五）项规定的不宜在互联网公布的其他情形。

（四）进一步规范具体制度的落实和执行

第一，将当事人隐名、敏感信息及其他信息的删除规定作为裁判文书网上公开的前置环节，强调上述工作的重要性。当事人姓名或其他个人在裁判文书的标题及首段就有所体现，并贯穿全文，可以说是裁判文书中应当首要保护的个人信息。因此，可以考虑将上述工作调整为个人信息处理中的一个独立环节，由承办案件的法官将需要隐名、需要删除的文书挑选出来，送由专门工作人员进行处理，未经处理的不得上网公开。此外，应当对这些专门从事该处理的司法工作人员进行培训，严格按照法律规定的处理方式统一操作。例如，外国当事人 Jack 的中文译名以"杰某"代替，英文名字以"J"表示；同姓当事人洪某四人分别以洪1、洪2、洪3、洪4形式区分。

第二，强调文书隐名、删除信息校对工作。目前，各地法院陆续建立了内部文书校对机制，但是该校对机制重点针对文书中的低级错误，对隐名校对工作、删除信息的关注度远远不够。在案多人少的背景下，人工审核难免会出错。考虑隐私信息处理不当的文书上传网络后可能产生的不良后果，建议法院今后加大对上述工作的重视，适当加大人力、财力投入，同时保证工作人员具有较高的专业素质，提升准确率。

第三，构建裁判文书网上公开工作监督机制。针对实践中裁判文书网上公开工作不统一的现象，建议建立裁判文书网上公开工作监督机制。实践中存在隐名不彻底、隐名过度、不应当公开的文书却公开，应当删除的信息未删除等诸多乱象，与司法工作人员态度不严谨有密切关系。因此，应建立公开文书工作记录监督机制，将相关工作的处理人及处理方式、处理内容记录下来，在发现相关工作存在问题时，开启倒查机制，对相关工作人员予以处罚，以有效提高司法机关及工作人员的自我监督动力。

（五）适当尊重当事人意愿，赋予当事人异议权

裁判文书网上公开制度的落脚点是保证个案的公平正义，因此为了充分保障当事人的利益，笔者认为，对于某些对重大公共利益有影响，甚至案件审理判决影响司法公信力的案件，如果确实需要公开其中的一些敏感信息或姓名信息，应当在裁判文书网上公开前与当事人沟通，听取当事人的意见，对于当事人确有理由提出异议的，应给予尊重。

此外，应当依照《个人信息保护法》的规定赋予当事人异议权。由于法院并不能够保证每一次都独立、有效且准确无误地处理隐私信息，因此为了使得侵害最小化，给予当事人异议权是合理的。具体可以规定，法院告知当事人裁判文书上网后，当事人有一个较为合理的异议时间，当事人可以对其中尚未被法院删除但个人认为可能影响其隐私的信息提出异议，并在法官审核后由法官最终决定。该程序尽管会增加时间成本，但从长远来看，可以避免很多不必要的纠纷和损害。此外，当事人对文书中所含的个人信息还应享有补充、更正等权利。法院认为当事人的请求合理正当的，均应予以支持。

第四节　网络庭审公开中的个人信息保护

与裁判文书网上公开相比，庭审直播的动态性决定了个人信息保护的难度更大。本书前部分也简要做了讨论，并提出了加强信息屏蔽、限制核对当事人信息阶段的公开等措施。但事实上，基于庭审动态性的特点，这些措施依然存在很大的不可控性。而在《个人信息保护法》出台之后，网络庭审公开带来的个人信息公开无疑会面临合法性、正当性和合理性的质疑。笔者认为，网络庭审直播和裁判文书网上公开虽然同属司法公开的内容，但二者存在本质差别。前者是对庭审过程的公开，而后者是对司法行为的公开，且庭审公开本就是作为审判公开的一个维度而具有独立价值。为此，究竟网络司法公开在未来应该一路高歌猛进，还是应在其边界问题上进行更冷静的考量可能会为判断网络庭审公开中的个人信息保护问题提供另一种不同的思路。

一、推行网络庭审直播所带来的消极影响

总体上，由于司法公开的内容不同，其公开的价值功能也有区别。笔者认为，庭审公开主要是作为实现当事人公正听审权的一个要素而存在的。其他司法公开内容（如审务公开、执行信息公开）本质上属于司法信息公开，其功能更多地体现为实现透明司法，方便公民进行司法监督。为此，确定其边界应结合其价值功能进行系统分析，严格意义而言，庭审直播的目的在于最大限度地保障公众的知情权、监督权和参与权，其对于促进司法公正公开，推进以审判为中心的司法制度建立有着积极的价值。但庭审直播也带来了诸如影响当事人诉权行使、加重法官心理负担等消极因素。究竟应为网络庭审直播设立何

种边界，如何把握其推行的范围，仍需要从司法公开的价值、边界等角度进行理论分析。

（一）法官审判压力的增加

就法官群体而言，他们对网络直播庭审的意愿并不强烈。即使为了完成网络庭审直播任务，他们也倾向于选择普通、简单的案件进行直播。这是因为对抗性强的案件蕴含更多的观点碰撞，不仅当事人对案件事实或法律适用的理解存在较大差异，甚至连观看庭审直播的民众也存在很大分歧。此时，法官的中立地位显得尤其重要。然而，中立毕竟只是一种对法官的理性要求，当事人和民众对法官审理行为的理解往往有失理性。这种对抗性强的案件如果进行直播，法官就会有很大的心理压力。"易将自身置于公众的苛求与司法责任的双重压力下，这会对日常的审判工作和审判心理产生较大的负面影响，从而削弱司法人员参与庭审的积极性。"[1]另外，由于司法信任危机客观存在，在网络庭审公开的场景下，民众如果对案件审理不满，容易引发网络舆论发酵，一旦严重到一定程度，就可能演化为对法官个人的人身攻击与人肉搜索，并上升至对法院整体的声誉破坏。尤其是庭审直播，法官群体在网络舆论之下的权益受损更为严重，且就目前而言，尚未形成充分的救济保障机制。这也在一定程度上对法官审理案件形成了掣肘。

（二）影响当事人诉权实现

不能否认，网络庭审公开更好地实现了对民众知情权的保障，也有利于实现司法监督，但任何事物都具有两面性。对于当事人来说，庭审由传统的线下庭审旁听直接过渡到全网直播，任何人均可以随意观看，于部分当事人而言，有很大的心理压

---

〔1〕　左卫民："反思庭审直播——以司法公开为视角"，载《政治与法律》2020年第9期。

力，也较难接受。尽管在传统的庭审公开中，也有旁听人员听审，但由于物理空间的局限性，旁听人数有限。此时，当事人更容易建立起对庭审表现与发挥的可控与从容；而在全网直播下，由于无法预知真实旁听的人数情况，且面对镜头多数人会不由自主地感到紧张，因此当事人在参加网络庭审直播时心理压力会增加，甚至影响其在庭审中的辩论。此外，在网络庭审直播过程中，当事人的一举一动、一言一行毫无保留地暴露在公众面前，且一旦在网络上直播便意味着永久留存，很多当事人情感上较难接受。在实践中，就有当事人因为案件要进行开庭直播而放弃了上诉的机会。这表明，网络庭审直播在一定程度上影响了当事人诉权的行使。

（三）个人信息权益损害风险增加

互联网的交互性特征决定了网络信息能够保留很长时间。而在庭审直播情形下，尽管有的法院会将庭前当事人信息核对部分隐去，但在庭审过程中，有关当事人姓名、工作单位等信息依然会显现出来。这就容易对当事人隐私权造成侵犯。另外，对于热点案件，网络庭审直播经常成为人们茶余饭后的谈资；而很多自媒体也会对新闻资讯、热点事件进行二次编辑，以吸引公众眼球、获取流量，以至微博话题、热搜阅读量成了衡量热度的重要标准。正如有学者所指出的那样，如果将这些信息以庭审直播的方式无限制、重复性地展示在社会公众面前，则可能将这种冲突的表征冲散，进而引发不必要的负面效应，还可能因为对庭审参与人的个人信息的反复播放、提取、分析而产生不当利用的后果。[1]

在司法实践中，网络庭审中个人信息保护的困境主要体现

---

[1] 左卫民：“反思庭审直播——以司法公开为视角”，载《政治与法律》2020年第9期。

在以下几点：

第一，庭审法庭辩论可能会暴露当事人个人信息。庭审中的法庭辩论对于查明案件真相、帮助法官正确认定事实具有重要意义，但如果将法庭辩论的细节完全在网络庭审直播中再现，就容易造成当事人（尤其是被告人）的相关隐私被暴露。2014年，北京市海淀区人民法院审理了方舟子与崔永元的名誉权纠纷案件。其中一条争议点是崔永元质疑方舟子骗钱，在辩论环节，崔永元的代理人向法庭出示了一组美国房产查询公证书，用以证明网络上方舟子骗钱后在美国购置豪宅的言论属实。这份房产查询公证书被用于佐证事实无可厚非，但是从隐私权的角度来说却暴露了方舟子的隐私信息。

第二，庭审直播可能会暴露证人自身或他人个人信息。证人出庭时法官需要对证人基本情况进行问询，证人可能在作证陈述中将他人信息泄露。有心人也可能借由庭审视频及相关信息搜索证人，甚至对证人进行威胁，给证人的安全造成一定程度的影响。在案件实际审理过程中，有些证人为未成年人，或有些案情涉及未成年人，这样就会导致未成年人姓名、就读学校等信息被泄露，从而可能严重影响其身心健康。

第三，网络庭审直播不同环节未衔接好带来隐私泄露。现在很多法院都有图文直播和视频直播两种直播途径。如果不能将上述直播环节稳妥衔接，依然也可能造成当事人隐私暴露。例如，2015年5月21日，北京市朝阳区人民法院公开审理了"唐某某、于某某危险驾驶案"，即备受媒体和社会关注的"大屯路隧道飙车案"。因该案在当时引发了热议，朝阳区人民法院对其审理过程进行了现场同步视频直播。从直播过程来看，朝阳法院在开庭前借助中国庭审直播网发布了直播预告，在开庭当天对庭审各个环节进行了全程直播。此外，朝阳区人民法院在官方微博上进行了大量的图文直播，内含起诉书、判决要点等文字材料。不可否认，朝阳区人民法院的做法将网络司法公开落实得较为彻底，达到了消除公众质疑、提高司法公信力的目的。但其也涉及了在庭审公开的过程中该如何保护个人信息的问题。在该案直播的过程中，不同环节对当事人的保护程度不尽相同。在图文直播中，当事人的姓名均以"姓氏+某某"的方式进行了技术处理，也没有提及其他的个人信息。但在视频直播中，当事人姓名被实名公开，被告身份证号、户籍地、住所地信息均被公之于众。这就导致网络庭审公开保护个人信息的努力付诸东流。

上述个人信息的泄露导致公众在未对庭审实际情况有所认知的情况下沉浸于大量非理性的分析和评论，容易给当事人的名誉、隐私等合法权益造成严重损害。

（四）法官审判独立性难度增加

正如有学者所指出的那样，网络舆论环境不属于"理想的言谈情景"，[1]"普通民众的言谈权力开始在网络中迅速汇集起来，不仅在不断流动的信息传递中整合成强大的横向的认同权力，而且还形成了从底层向中层乃至上层发生直接作用的纵向认同权力"。[2]当公众的表达权、参与权以及监督权上升、扩大的时候，作为裁判者的法官难免也会受到舆论的影响，甚至动摇其审判独立性。与此同时，当法官处在舆论和民意的漩涡中时，当事人很容易产生司法裁判是否会被舆论压力裹挟、绑架的忧虑与担心，其对于审判的信任度可能会下降。

---

〔1〕 谭世贵、谢澎："论司法信息公开的多元化价值及其实现"，载《杭州师范大学学报（社会科学版）》2014年第5期。

〔2〕 林坤："'互联网+'司法公开路径解析"，载《山西师大学报（社会科学版）》2019年第3期。

网络庭审直播带来的上述问题提醒我们在网络庭审直播热度不减的当下，有必要对其进行冷静的反思。也许，从司法公开的本质出发，我们便能找到正确理解网络庭审直播的线索。

二、网络庭审直播的理论反思

从国家层面推行的网络庭审直播正呈方兴未艾之势，究竟应如何确立其限度以回应上述负面影响问题是需要慎重研判的。由于网络司法公开本质上是借助网络媒介推行司法公开，因此其依然应遵循司法公开的基本规律。下面，笔者将从庭审公开的本质和运行规律角度予以阐述。

（一）庭审公开之工具价值与内在价值

如前所述，庭审公开的本源价值在于实现对当事人的程序保障，即避免由秘密审判导致的司法权滥用、法官不中立等问题。实现对当事人的程序保障的根本目的在于保障当事人的公正听审请求权。公正听审请求权是法院在对一个人的权利、义务、责任进行判定的时候，该当事人就案件的事实、证据材料及法律问题向法院充分发表自己的意见和主张并以此影响法院的权利。一般认为，公正听审权包含陈述权、辩论权、证明权、到场权和意见受尊重权。[1]公正听审请求权是实现程序正义，最终实现司法公正的基础。只有享有了公正听审请求权，司法公正才有实现的可能。尽管我国宪法和法律并未明确规定听审请求权，但其作为一项程序权利，其实已经体现在了民事诉讼法有关辩论权、举证证明等诉讼权利的规定中。为了更好地实现公正听审权，法院审理要求在公开的物理场所进行审理，并允许旁听人员进行旁听，避免秘密审判损害当事人的公正听审

---

〔1〕　刘敏：“论司法公开的深化”，载《政法论丛》2015年第6期。

权。可见，公开审理是司法公开的基本内容，也是为了满足公正听审权的基本要求。换言之，司法公开主要是作为保障公民公正听审权的一个环节而存在的，其影响和意义更多地局限于参与诉讼的当事人。

随着互联网时代的到来，我国自上而下推行的网络司法公开使得网络庭审公开等司法公开制度的价值维度也有所增加，即在保障当事人公正听审权这一程序价值之外更加强调通过积极推进网络司法公开保障公民知情权、监督权，从而通过司法公开提高司法工作水平、司法人员素质、司法公信权威。[1]但是，网络司法公开价值功能的扩大并不意味着其程序价值不重要，更不能本末倒置，忽略其对保障当事人听审权的程序价值。而如果忽略这一程序价值，实质上便是背离了司法公开的本意。对此，也有学者明确指出："从我国目前深化司法公开的情况看，深化司法公开更应强调当事人的听审请求权。"[2]

既然网络庭审公开最基础的价值功能在于保障程序公正，让当事人能够充分辩论，限制法官恣意，凸显程序正义，那么公正听审权的保障就是网络司法公开首先应追求的价值目标。而公正听审权内在包含的对当事人诉权、辩论权、处分权、隐私权的保障也应成为网络司法公开首先要重点回应的内容。如果因为追求网络公开的工具价值而使得当事人行使诉权的意愿受到阻碍，甚至影响了其在法庭上行使辩论和处分权，则意味着网络司法公开所追求的满足公众的司法需求、重塑司法公信力等工具价值与内在程序价值发生了冲突。

笔者认为，当工具价值和内在价值发生冲突时，我们毫无

---

〔1〕 范明志："网络司法公开：'互联网+司法'改革的起跑线"，载《人民论坛》2018年第11期。

〔2〕 刘敏："论司法公开的深化"，载《政法论丛》2015年第6期。

疑问应选择优先保障内在价值，所谓"必须恪守司法工具性价值的界限，服从、适用司法的其他核心价值"。否则就会导致司法价值错位，有舍本逐末之嫌。例如，曾有刑事案件当事人在一审后想要上诉，但却因为该上诉案要网络直播，担心自己上大学的儿子看到自己受审的视屏而最终放弃了上诉。我们从中看到了公正听审请求权因为网络司法公开的其他价值而受到压抑。再例如，当事人的表达、辩论状态可能因庭审直播而受到影响，这其实也可理解为工具性价值对内在程序价值的压抑。在笔者看来，这些都是背离司法公开不同价值维度关系的做法。

（二）司法的本质决定庭审公开应具有边界性

尽管司法公开强调将庭审过程公开于阳光之下，但这并不意味着司法公开的程度越广泛越好。众所周知，司法的本质是判断，即中立的法官在双方当事人参加的情况下对事实问题进行认定。这一本质特点决定了司法并不适宜在无限度的公开场合进行。从法官的角度而言，法官需要调查证据、查明事实，准确进行事实判断；从当事人的角度而言，当事人需要陈述事实、提出证据、充分辩论，以影响法官的判断。然而，互联网所具有的永久留存、重复再现等特点决定了网络公开庭审会给当事人、证人带来很大的压力，这种压力和传统的即时公开庭审带来的压力有显著区别。就如美国联邦最高法院的多数意见认为的那样，证人如因转播而使其作证受干扰，未来的程序将无法补救。[1] 而在美国联邦最高法院关于网络庭审直播改革进入消极期的时候，美国联邦最高法院的克拉克大法官指出，在法庭上出现摄像机会对被告造成心理威胁，如同"严刑拷问"。[2]

---

〔1〕　Hollingsworth v. Perry，130S. Ct. 713（2010）.

〔2〕　Kenneth Creech，*Eleectronic Media Law and Regulation*（Fifth Edition），Butterworth-Heinemann，2007，p. 399.

可见，网络庭审直播影响当事人、证人法庭表现是难以避免的问题。此外，在全网围观的情况下，各诉讼主体也更容易为追求完美表现而情绪冲动。在压力和追求完美的双重心理负担下，法官、当事人、律师的注意力、辩论方式等诸多方面都会受到影响，从而影响司法自身查明真相、准确适用法律目的的实现。因此，网络庭审直播和司法作为裁判权的本质要求存在背离。

（三）独立行使司法权要求庭审公开具有边界性

独立行使司法权的最大意义在于司法公正，只有独立的法官方可基于事实作出公正的裁判。然而，如果将司法置于网络直播的场景，网络的交互性决定了民众可以在各种自媒体平台对司法活动进行评价、讨论。然而，网络时代的舆论具有群体性特点，对于一个群体而言，群体的主观因素会妨碍他们对实践进行冷静的分析和判断，更遑论具有专业性的司法审判了。实践证明，舆论审判是可能的，尽管民众或媒体可能本来怀着实现正义的良好目的而参与对案件的讨论，然而群体舆论的上述特征却可能使司法陷入"舆论审判"的漩涡。[1] 不可否认，法官作为法律职业人员，应坚守事实判断和法律适用的基本规则，但舆论以及汹涌的民意必然会裹挟法官，使其独立判断受到影响。"药家鑫案"等都证明了这一事实。因此，司法判断的独立性决定了司法公开应具有一定的边界。

三、网络庭审直播的边界确定

不可否认，网络庭审直播下庭审过程公开的动态性、整体性是传统庭审公开无法比拟的，这种"看上去很美"的庭审公开样态也真正实现了司法透明。但如前所述，网络庭审公开存

---

〔1〕 吴啟铮："网络时代的舆论与司法——以哈贝马斯的公共领域理论为视角"，载《环球法律评论》2011 年第 2 期。

在着影响当事人公正听审权、暴露隐私以及影响司法中立性的风险。正如有学者所指出的那样，将庭审直播作为司法公开的普遍形式存在潜在风险。可能会使其成为中国司法改革的误区，其在法理上背离了司法公开的经典共识，可能影响司法公正和独立审判，故其不宜被当作改革的目标，而只能作为司法公信力受到广泛挑战时的例外情形。[1]为此，在网络庭审公开激进推行的当下，坚守一种保守的庭审公开理念依然十分必要。

在笔者看来，网络庭审直播所带来的影响当事人公正听审权、法官独立审判的问题是客观存在的，而这其实也意味着网络庭审公开背离了庭审公开的基本制度目的。至于网络庭审直播带来的当事人隐私安全风险问题，笔者认为，隐私权和基于网络庭审公开所追求的司法监督、司法透明等价值都有保护的必要。在平衡两者关系时，依据比例原则、必要原则等是可以的。但总体上，由于网络庭审直播存在损害公正听审权和审判独立等基本价值的风险，因此除了某些重大公益性案件以及司法公信力受到广泛挑战等例外情形，其他情况应严格限制网络庭审直播的范围。

就重大公益性案件而言，由于其事关不特定主体的利益，在网络庭审公开中尽管也存在着影响当事人公正听审权和法院审判独立的风险，但由于公益性案件本就关涉不特定多数人，因此，如果某一公益性案件引起社会广泛关注，法院可以考虑进行网络庭审公开，以回应利益主体的关切。另外，对于某些社会影响较大的案件，如果在诉讼过程中出现了司法公信力受到较大挑战的情况，为了回应社会关切，可以允许进行网络庭审公开。

---

[1]　左卫民："反思庭审直播——以司法公开为视角"，载《政治与法律》2020年第9期。

反观当下，各级人民法院对于庭审直播工作都十分重视，将庭审直播率纳入了法官业绩考核范围，以考核倒逼庭审公开发展。但纵观已在网络上公开的案件庭审情况，直播庭审受关注度普遍较低，公众的互动反馈信息极少。这些其实也从另外一个侧面反映了网络庭审直播的困境。从某种意义上而言，对于大量缺乏关注度的案件，经由网络庭审直播实现司法监督也许只是一个美好的理想，而经由限制网络庭审直播的案件范围则既契合了庭审公开的内在价值需要，也能更好地实现网络庭审直播的监督价值。

四、网络庭审直播中的个人信息保护建议

在完成上述分析后，我们可以看出，网络庭审直播的案件范围应该做大范围限缩。在有限的可以进行庭审直播的案件中，为了保护当事人个人信息，我国必须对庭审网络直播进行必要的限制和规范。

第一，进一步细化庭审网络直播案件的范围。前文述及，对于公共利益案件以及给司法公信力带来广泛挑战的案件，可以采用网络庭审直播的方式进行公开庭审。但需要注意的是，如果上述案件涉及社会风化、公共秩序或者国家安全、当事人生活隐私等情况，则不能进行直播。若采取庭审直播或录播的方式，也要及时采用技术保护措施，待该部分内容结束后，法庭重新进入公开审理程序。

第二，设立网络庭审司法公开预告制度。由于网络庭审直播不仅涉及司法公开中公众的知情权、监督权，还与案件当事人的个人信息权益息息相关，因此受理法院是否对案件进行公开审理的决定应当为当事人所知，法院在进行直播前应做好前期准备工作，告知当事人案件进行网络庭审直播的流程及直播

内容。这既是基于保护当事人知情权的需要，也是在司法实践中保证合法合理性的要求。建立网络司法公开预告制度便于做好个人隐私权的保护工作，给予当事人发表意见的权利且给当事人提供了心理准备的时间，以避免不必要的冲突和纠纷。在网络司法公开的具体操作中，除了口头通知双方当事人，法院应该在送达开庭通知时附带一个网络庭审直播告知书或者在诉讼中列出相关内容，给予双方决定权。起诉方和被告方均对案件是否公开审理有知情权，在双方意见不一致时，可以通过法院审查机制，综合双方意见，依据合法原则裁定是否对案件进行公开审理以及公开的程度。当然，如果案件最终以公开形式处理，对个人信息的保护仍然也要加以考虑。

可以说，赋予当事人发言权，保护其表达权，及时听取当事人意见是网络司法公开中程序正当的重要体现。为了避免"一刀切"现象，可以根据敏感信息与案件的关联性，做好公开界定工作，并由专人来负责。

第三，对庭审网络直播中的当事人相关信息作技术处理。庭审网络直播不能将案件全部事实与当事人的全部信息事无巨细地放置于网上，应当将庭审直播的内容与司法公开需要的内容进行比对，选择需要的信息进行公开，而对其他当事人个人信息做必要的技术处理。对于《个人信息保护法》所规定的敏感信息身份证信息、银行账户信息等必须要作技术处理，这样做既不会影响司法公开，也可降低对当事人个人信息造成损害的风险和可能性。

第四，加强对不同环节网络庭审公开的对接。针对图文直播和视频直播等不同形式的直播，人民法院应提高工作的细致程度，避免在上述不同环节泄露相关信息。

第五节　其他网络司法公开中的个人信息保护

其他网络司法公开的内容主要有执行信息公开以及审判信息公开。如前所述，网络司法公开的目的在于实现司法监督，保障公民知情权。对于这两种网络司法公开而言，其主要制度目的也并不例外。例如，就执行信息公开而言，其制度目的除了利用外部力量监督执行工作外，还包括扩大社会的知情权，通过社会力量破解"执行难"问题。

一、执行信息网上公开中的个人信息保护

（一）执行信息公开中个人信息保护的问题

执行信息公开是一项系统性工作，不单单是公布相关执行法律文书，对于失信被执行人债务情况、履行情况以及财产状况等都会有所涉及。但由于缺乏系统的执行法律法规，在有些公开项目中，就一些个人信息并没有统一的处理方法，且未统一作出相关屏蔽处理，导致当事人隐私被传播出去。就执行信息公开而言，其重要功能是在执行公开过程中形成对失信人的有效曝光，使当事人的失信行为得到有效惩戒。但这并不意味着在执行信息网上公开中不需要对个人信息进行保护。目前，在司法实践中，执行信息网上公开影响个人信息权益保护的问题主要有以下几点：

第一，被执行人个人信息的公开范围不合适。根据最高人民法院有关执行信息公开的规定，被执行人的姓名、性别、身份证号码属于可以公开的内容。在实践中，有些法院甚至会将被执行人的家庭住址、工作单位，以及财产状况和联系方式等都公开。

第二，网络执行的方式欠妥造成隐私泄露。尽管最高人民法院规定各法院可以根据实际情况将执行人信息通过广播、电台、网络等方式予以公布，但在实践中，各地采取的执行信息公开方式有过度倾向，从而造成被执行人个人信息被泄露。例如，有些法院在繁华闹市区将被执行人的大幅照片和住址等信息循环播放；有的法院将被执行人信息以弹窗方式设置提醒，凡是下载了某些软件的人都会收到这些弹窗；更有些法院与电话公司合作，给被执行人的手机设置"失信人彩铃"。但凡拨打被执行人电话的都会听到对方为失信被执行人的提示。这些方式尽管能给被执行人造成很大的精神压力，可以促使其快速还清债务，但其所带来的对被执行人隐私权的侵犯也是需要认真加以考量的。例如，失信人的信息被曝光之后，就会有许多不法分子利用这些信息从事贷款办理、登记变更、证券交易以及信用卡业务等活动，进而侵犯失信人的权益。

第三，执行信息网上留存影响当事人的合法权益。互联网上的信息特别容易长时间保存。对于失信执行人而言，其信息会被长期保存于互联网之上，有时还会被微信公众号或相关网站传播，容易造成不良影响或侵犯隐私权。另外，一些被执行人在履行义务后，信息依然难以消弭，由此给相关当事人的名誉损害带了更大的不确定性。

（二）执行信息网上公开中个人信息保护的对策

执行信息网上公开与网络庭审直播和裁判文书网上公开有不同之处。对于后两类司法公开制度而言，其侧重强调对社会公众知情权和监督权的保障。但执行信息公开的主要目的是通过信息公开给被执行人施加压力，从而达到促使其履行相关义务的效果。因此，执行信息网上公开的制度设计应与其余两项制度有所不同。基于《个人信息保护法》有关个人信息公开的规定，个人信息公开要坚持合法、正当和必要性原则，敏感信息要在取得信息主体单独同意的情况下才可以公开，当前执行信息网上公开中的相关信息公开应当从以下两点进行改善。

第一，进一步调整执行信息网上公开的具体内容。例如，最高人民法院规定了在互联网上公开失信被执行人信息时公布其姓名、性别、身份证号、执行情况、失信情形等执行相关的信息。显然，身份证号属于敏感信息，依法不应公开，或者采取公布部分身份证号码的方式。对于姓名信息是否应予以公开，既然执行信息公开是为了产生惩戒作用，督促被执行人履行判决书确定的义务，因此执行信息公开应能够达到确定被执行人身份、让社会公众知悉其失信行为的效果。为此，对于其姓名性别信息可以在必要的情况下予以公开。对于其他信息（如工作单位、家庭住址、财产位置、联系方式等信息）则对于督促其依法履行没有帮助，不应属于公开的范畴。为此，法院在公开当事人信息时要统一执行信息网上公开的标准，与案件无关的信息内容不能随意公开。换言之，在公布执行裁判文书以及其他执行信息时，只能公开当事人的姓名、性别等当事人信息。同时，实行统一的信息主体公开标准后，应严格要求各级法院不得对公开的信息主体的内容和范围进行延伸和扩展，唯有如此才有可能避免执行信息网上公开泄露当事人隐私。

第二，严格限制执行信息网上公开的方式。对于前文论及的一些有关失信执行人的公布方式，笔者主张限制其适用。现行的方式尽管能给失信人造成很大的精神威慑，但也会带来一些不利的后果。为此，应该遵循比例原则，在失信被执行人的隐私保护与保障执行两种利益之间进行利益衡量，最终确定较为稳妥的公开方式。笔者认为，只要公开方式能达到向社会公示的效果即可，大可不必通过闹市区滚动播放其照片、设置失信彩铃等方式进行。而这种公开也应当仅局限在执行信息网上公开。对于最高人民法院《关于公布失信被执行人名单的若干规定》第10条规定的将失信被执行人名单通过报纸、广播、电视、网络、法院公告栏等其他方式予以公布的，笔者认为，这些可能会造成个人信息处理扩大化，实质上违反了《个人信息保护法》有关信息公开必要性所要求的数据信息最小、影响最小的要求。为此，线下采取法院公告栏公开，网络公开则采取在统一执行信息平台公布的方式进行即可。

第三，对于因信息留存可能带来的影响当事人合法权益的问题，根据最高人民法院《关于公布失信被执行人名单的若干规定》，如果失信被执行人履行法定义务，则人民法院应当删除失信信息。为此，如果当事人发现没有及时删除的，则可以向相关法院提出申请，请求其及时予以删除。另外，也是最重要的，笔者主张在执行信息网上公开平台增设解除失信名单集中公示平台，将解除失信名单集中于此进行公示，这样就可以最大限度地减少前期信息公开所带来的不良后果。至于公布期间失信人信息被相关公司或个人截图留存并非法利用所产生的其他不确定性，笔者认为，只能由个人信息主体依法通过举报、民事诉讼等方式加以解决。

二、审判流程信息公开中的个人信息保护

根据审判流程信息网络公开的对象，分为对诉讼参加人的公开和对社会公众的公开。首先，对于向诉讼参加人的公开而言，这是法院方便当事人诉讼、了解案件流程的方式，依法并不存在个人信息泄露的风险。对于向社会公众公开的部分，如前所述，目前登录中国审判流程信息公开网，笔者看到很多内容尚未充分按照最高人民法院《流程规定》开展，司法实践部

分的数据尚较为缺乏。

根据最高人民法院关于审判流程信息公开的规定，人民法院审判有重大社会影响的案件流程信息，可以通过互联网向公众公开。从审判流程信息的内容看，应主要包含立案信息、财产保全信息、审理信息、管辖权处理信息、结案信息等多项信息。在这些信息中，如果是向社会公众开放的重大案件，涉及家庭住址、财产信息、联系方式等敏感信息的应该加以屏蔽；对于姓名和工作单位信息则可以保留。这是因为之所以选择将重大案件信息向社会开放，其目的就是使社会公众了解案件动态，起到监督作用。而由于案件重大，对于那些非敏感个人信息，基于正当、必要原则，应可以向公众公开。

第六节　网络司法公开与个人信息保护的配套措施

一、建立个人信息保护救济制度

网络司法公开是法院职权的一部分，既为公权力，就意味着应建立对其的救济制度。救济制度首先应强调，如果网络司法公开没有按照相关规定执行，应当给予相关人员直接投诉或者提出意见建议的权利，以保证相关司法工作可以在法律规定内进行。在此基础上，可以定期就网络司法公开的情况对公众进行回应和反馈，以便让公众进一步了解网络司法公开的具体操作和落实。为此，法院应当建立文书公布后信息泄露反馈机制。公民在因文书中个人信息泄露受到损害时，可以第一时间向平台报备，寻求帮助；在接到帮助请求后，平台应立刻启动文书撤回流程。此外，为了充分完善当事人隐私权利保障机制，如公众有证据证明司法工作人员存在过失导致错误公开裁判文书中的个人信息并使当事人隐私权受到严重损害的，公民可依据

《个人信息保护法》，通过民事诉讼等法律途径主张侵权损害赔偿责任。

二、提升法官综合素质，提高司法公开效果

网络司法公开涉及的问题很多，从某种程度上而言，也考验着法官的各项综合素质。就裁判文书网上公开而言，其本质上是对法官裁判文书说理能力的挑战。对于案件当事人和公众而言，具有说服力的裁判理由更容易提高当事人和社会公众对裁判结果的认可度。如果法官在裁判文书中对事实认定、证据运用、法律适用都有非常细致和清晰的说明，裁判文书网上公开的效果必然十分突出，进而达到通过裁判文书网上公开实现司法监督、保障公众知情权的目的。同样，对于网络庭审公开而言，重大社会案件的网络庭审公开是对法律最好的宣示，对有影响的重大案件的公开审理可以警示公民遵守法律、让民众切身感受司法权威，从而收获非常好的效果。为此，提高法官综合素质对于加强司法公开效果而言尤为重要。

三、成立专门负责司法公开的工作部门

网络司法公开要想做到将当事人个人信息的泄露降到最低，就要对大量复杂的信息进行整合、分析、判断。为此，应当成立专门负责司法信息处理和审核的工作部门，在庭审网络公开、裁判文书网上公开以及执行信息网上公开中负责各种信息审核，并审核是否存在可能造成当事人或相关人员个人信息泄露的环节，最终保障法院通过网络发布的公开信息既收获了司法公开的效果又实现了对个人信息的保护。为了避免该部门工作量过大，前期相关信息制作工作可以交由办理案件的司法人员处理，然后交由专项部门审查和统一发布。

网络司法公开对于保障公众知情权、实现司法监督具有重要作用，但其所带来的个人信息保护、法院工作负担增加等问题也是显而易见的。本书总体上对裁判文书网上公开、网络庭审公开等都设置了相对较为严格的公开标准。其中也有对司法公开成本的考量。毕竟，就公共利益实现而言，成本是实现公共利益不得不加以衡量的因素。在某种程度上，成本本身也是公共利益的一部分。为此，在网络司法公开的未来发展中，综合考量成本与效益、个人信息保护与网络司法公开的平衡应成为基本原则。